MEMORY OF XDU

校史系列丛书

# 在在有吾师

ZAIZAI YOU WU SHI

12位电子信息领域老教授与经典教材的故事

杨舒丹 强薇 ◎主编

西安电子科技大学出版社

**图书在版编目（CIP）数据**

在在有吾师：12 位电子信息领域老教授与经典教材的故事 / 杨舒丹，强薇主编 . -- 西安：西安电子科技大学出版社，2025.7. -- ISBN 978-7-5606-7642-5

Ⅰ. K825.46

中国国家版本馆 CIP 数据核字第 202508NP76 号

策　　划　邵汉平　陈一琛
责任编辑　陈一琛
出版发行　西安电子科技大学出版社（西安市太白南路 2 号）
电　　话　（029）88202421 88201467　　邮　　编　710071
网　　址　www.xduph.com　　　　　　　电子邮箱　xdupfxb001@163.com
经　　销　新华书店
印刷单位　陕西金和印务有限公司
版　　次　2025 年 7 月第 1 版　　　　　2025 年 7 月第 1 次印刷
开　　本　787 毫米 × 1092 毫米　1/16　印　　张　20.75
字　　数　256 千字
定　　价　78.00 元
ISBN 978-7-5606-7642-5
**XDUP 7943001-1**
*** 如有印装问题可调换 ***

# 项目简介

　　本书为"学科建设视域下西电人才培养与红色文化育人研究——以西电教材建设为例"项目（以下简称"教材建设项目"）系列成果之一。

　　此项目2023年获批由财政部、教育部设立的中央高校基本科研业务费专项资金重点项目。项目聚焦教育发展史上电子信息领域专家教授所著的国家级规划教材，通过历史文献分析、口述调查、案例分析及跨学科交叉研究等方法，深度挖掘经典教材背后的故事，旨在探讨教材建设对于高校人才培养和学科建设的深刻意义，凸显教材建设在人才培养方面的历史传承。

　　此项目以电子信息领域的经典教材为主线，对在教材建设中作出突出贡献的专家教授的求学、工作经历及教材编写工作进行梳理。由于时间久远和历史文献缺乏，档案资料多且较为分散，梳理工作有一定难度。项目组成员尽可能通过系统整合文献资源、开展访谈调查、依托多种媒介等途径，不断深挖整理电子信息领域发展进程中经典教材建设的历史背景，揭示其学术价值。同时，老教授们对项目的完成亦提供了极大的帮助。

截至2024年2月，教材建设项目一期已完成对12位老教授教材编写及学习成长资料的采集工作，获得手稿、书信等实物原件资料5000件，数字化资料5000余件，视频资料1086分钟，音频资料1086分钟。这些宝贵资料具有重要的史料价值，为项目研究奠定了坚实基础。

教材建设项目研究成果主要有三种表现形式：一是编纂完成"开辟电子信息学科的先河·档案中的西电经典教材"系列读物12本；二是研究撰写《学科建设视域下西电人才培养与红色文化育人研究》课题报告；三是出版《在在有吾师：12位电子信息领域老教授与经典教材的故事》书籍。随着项目的不断探索与研究，教材建设项目二期也在策划筹备之中，将有更多形式的成果呈现，这为深入了解老一辈教育家攻坚克难、求真严谨的学术精神，进一步探索电子信息领域学科史的发展历程提供翔实的史料支撑。

# 前　言

　　教材是高校教育教学的基本依据，是高校立德树人的重要载体，其关乎党的教育方针的落实和教育目标的实现，具有重要战略意义。2024年1月，国家教材委员会作出重要工作部署，聚焦落实立德树人根本任务、服务国家重大战略、完善教材管理体制、强化教材建设支撑等关键问题，就加强教材建设和管理开展系列行动。

　　作为毛泽东等老一辈无产阶级革命家亲手创建的我党我军第一所工程技术学校，西安电子科技大学（以下简称西电）创造了我国电子与信息技术等领域多项第一，并在信息与通信工程、电子科学与技术等学科的教材编写中作出了开创性贡献，充分发挥了教材在育人育才中的战略性、基础性作用。

　　西电教材建设起步早，发展曲折。建校初期，由于处于战争环境，物质条件较差，纸张缺乏，学校决定因陋就简进行教学保障，在江西瑞金时期，自编了无线电、有线电、司号、旗语等课程的教材。延安时期，学校正式铅印教材，如《代数》

《算数》《电磁学》《电话学》等。晋察冀无线电研究班期间，学员使用的部分教材如《高频电子线路》《光学》等是由外籍教师班威廉编写的，他用自带的英文打字机打出供学员使用。在经历了整理教学笔记作为教材、小规模编写教材、引进苏联高等学校教材、组织力量有序编写教材等阶段后，如今学校的教材建设逐步发展，已形成特色鲜明的教材体系。

在教材建设的发展过程中，一大批西电老教授服务国家战略需求，攻坚克难，以德而耕，积极投身教材编写工作，积淀出大量培根铸魂、启智增慧的精品教材，夯实了学科育人根基。在此，我们希望这本书成为一座桥梁，让青年学者能够感悟前辈们敢为人先的开拓精神和理性实证、批判探索的科学精神，让青年学子能够领悟教育家求真务实、无私奉献的精神。

由于编者的学识水平和所掌握的材料有限，书中难免存在不足之处，敬请各位专家、学者和广大读者批评指正，提出宝贵意见和建议。

编　者

2025年1月

# 目　录

# 教育家精神
# 西电人心中的 明灯

樊昌信　刘增基　吴成柯　江小安

孙肖子　安毓英　秦荻辉　杨颂华

梁昌洪　刘三阳　裴雪红　李建东

# 樊昌信

## 与通信原理

《通信原理》是我国通信领域的第一部专业基础教材，奠定了我国通信工程专业知识体系的核心基础，培养了大量通信专业人才，推动了我国通信事业的发展。

樊昌信，男，1931年9月出生于北京。1952年毕业于北京大学工学院，同年9月分配到中国人民解放军通信工程学院（今西安电子科技大学）任教；1953年任助教；1963年任讲师；1978年被评为副教授；1982年晋升为教授；1987年任博士生导师。曾任西安电子科技大学学位委员会委员、学术委员会委员、综合业务网国家重点实验室学术委员会主任、信息科学研究所所长。樊昌信教授被评选为美国电气和电子工程师学会终身会士、中国通信学会会士、中国电子学会会士、中国通信学会咨询委员会委员。主编的教材曾获电子工业部优秀教材特等奖、国家教育委员会全国高等学校优秀教材奖、全国优秀教材一等奖等奖项；个人获"全国教材建设先进个人"称号等荣誉。

樊昌信教授是中国现代通信领域著名专家，在国内外通信学术界享有很高的声誉。出版的著译作品涉及电子与通信学科多个领域，并获得多项国家级教材奖，为我国通信事业的发展作出了杰出贡献。

在西安电子科技大学档案库人物档案专题的陈列架上，整齐地排列着《通信原理》第1版到第7版……

1980年，沉淀了岁月的痕迹，经过反复修改、精心打磨的电子类教科书《通信原理》，由国防工业出版社出版发行。它像是一个婴孩，在樊昌信教授团队的精心呵护下成长；它又像是一束指引前路的光，给通信领域的学子们指明了方向。

作为我国通信领域的第一部专业基础教材，它奠定了我国通信工程专业知识体系的核心基础，培养了大量的通信专业人才，推动了我国通信事业的发展。40多年来，樊昌信教授领衔编著的《通信原理》已成为国内600多所院校采用的通信经典教材，累计印刷108次，总印数达163.9万册。1987年和1988年，《通信原理》第1版荣获电子工业部优秀教材特等奖和国家教育委员会全国高等学校优秀教材奖；2005年，《通信原理（第5版）》被评为国家级重点教材；2006年，《通信原理（第6版）》入选"十一五"国家级规划教材，并于2007年被评为普通高等教育精品教材；2012年，《通信原理（第7版）》入选"十二五"国家级规划教材；2021年10月，《通信原理（第7版）》荣获国家教材委员会颁发的首届全国教材建设奖——全国优秀教材（高等教育类）一等奖，樊昌信教授荣获"全国教材建设先进个人"称号。《通信原理》具有适应性、思想性、创新性和先进性的特点，堪称通信领域的一颗璀璨明珠，是行业当之无愧的畅销书、长销书。

通信领域的无数青年才俊，都是在这本教材的指引下，开启了通向通信世界的大门，成长为国家栋梁。可以说，这是一本影响了几代通信人的经典教材。同时，这本教材也极大提升了西电在业界的知名度和美誉度。

## 北大学子的从军之路

1948年，年轻的樊昌信高中毕业，渴望更进一步学习深造。当时的高考类似于现在的自主招生，由各校单独命题。他报考了八所大学，由于基础扎实、成绩优异，收到六所大学的录取通知，包括北京大学工学院电机系、北京师范大学物理系、北京辅仁大学化学系、燕京大学等。彼时中国百废待兴，对电子和信息情有独钟的他，毅然选择了北京大学工学院电机系。

自此，他一生都投入到通信领域的学习和工作中。晚年时他总结，自己爱好通信，学的也是通信，从事的工作还是通信，将一生投入到兴趣爱好中，无怨、无悔、无憾。

在北大课堂上，樊昌信的表现十分突出。在"电工原理"课的一次小考中，他取得优异的成绩，轰动了全班，引起了老师的注意。有一门"交流电路"课程，是每两周小考一次，习题需要用计算尺进行复杂的数字计算，若想得到正确答案，除了必须弄懂原理和计算方法，还要细心运算。因此，他做题时特别注意计算的准确性，从不急于交卷，有时间就反复核对答案。这样下来，他每次小考都能得到100分，期末总成绩达到了99.8分。由于表现突出，老师和班干部常请他分享学习经验。1951年年初，他被北大推选为北京市第一届青年团代表大会的代表。

1952年夏，从北京大学毕业的樊昌信正值青春年少，满腔热血。"为了响应国家号召到国家需要的最艰苦的地方去，我三个志愿填的都是服从分配。"一开始，分配通知只有两个字——军委，具体分配时，他被分到了中国人民解放军通信工程学院（今西安电子科技大学）。

1952年9月4日，土生土长的北京人樊昌信搭乘火车，前往位于张家口的中国人民解放军通信工程学院报到，成了一名军人。校舍在张家口的东山坡上，原来是日寇的军营，基本上是一些砖瓦小平房。樊昌信此前一直生活在北京，物质条件相对优渥。眼前的差距令他十分震撼，同时也有几分新鲜感。到张家口后，他很快就领了军衣，算是参军了。东山坡刺骨的冬日寒风，似一把把尖刀，在他年轻的脸上刮出一道道印记；吱呀作响的木板通铺，承载了七八个人的漫漫长夜；在雪天室外，蹲在地上吃盛在洗脸盆里的饭菜；早晨听到起床号后，十分钟内就要整理好床铺并且洗漱完毕，集合出早操。

从金贵的大学生到一名军人，这种转变并不容易，甚至堪称艰辛。但就是在这样充满挑战的环境下，作为"新兵"的樊昌信开始了他的任教之旅。他像是一个青春的音符，在时代的宏大乐章中找到了适合自己的位置。

装机实习课上，一部部调试好的振荡器，承载着樊昌信和同事们对学员的倾心指导。有时遇到学员自己解决不了的问题，他就要在晚上加班去解决。在那个"团结紧张、严肃活泼"的年代，这一群知识分子让聪明才智发光发热，为战争前线输送了自己的力量。樊昌信的第一班学员，是学习无线电通信的两年制"机务班"，他负责的课程是"军用（无线电通信）机"。这是一门非常实用的课程，主要讲解当时部队使用的各种电台的原理，并指导学员操作使用。值得一提的是，这一班的不少学员，一毕业就奔赴朝鲜战场，负责军用电台维修工作。

1958年的夏日，樊昌信跟随学校从张家口搬迁到西安。这时候，学校已是大学的建制，需要开设新的课程。针对新开的"无线电多路通信"课程，樊昌信发挥自己的主动性，首次主编了此门课程的教材。在教材编写和教学实践中，他积累了大量的专业知识，为以后编撰《通信原理》打下了良好的基础。

从1958年开始，学校掀起了科研高潮。各种各样师生联合的科研小组纷纷成立，学风逐渐发生变化，毕业考试也变成了毕业设计。1963年秋，学校归属国防科委后，办学任务发生了变化，从为部队培养"维护工程师"，变成为国防研究所和工厂培养研究设计人才，相关机构也进行了调整。

樊昌信讲授的课程也随着学校和专业需要不断改变。在这一阶段，他开设过"微波技术""无线电多路通信"等新课程，并为教员进修学习需要，开设了通信原理方面的课程。在这些课程中，最值得一提的是"无线电多路通信"课程，由樊昌信在1960年首先开设，他编写的配套教科书是当时国内第一部相关教材。随后，成都的一所高校和哈军工（中国人民解放军军事工程学院）的老师都来"取经"，并使用他编写的教材开设了这门课程。

此外，为了使年轻教员学习通信系统方面的新知识，学校组织了学习班，由陈太一、胡征、樊昌信等老教员分工合作，给这些年轻教员讲授一本美国新书——《通信系统理论讲座》。他们将此书翻译成中文，1966年9月，由人民邮电出版社出版发行。

在那个没有互联网的时代，每当樊昌信读到国外的最新著作时，都会在第一时间翻译内容，然后融入教学，分享给自己的学生。由于硬件条件的制约，他只能手写译稿，那是樊昌信不断思索和提炼的过程。他的笔，宛如一把灵动的刻刀，在一张张纸上镌刻，记录下脑海里的所思所想。他用自己广阔的视野、高超的学识，孜孜不倦地育人治学，传道解惑。

## 初露锋芒

"非学无以广才，非志无以成学。"樊昌信的人生之路，处处闪耀着勤学的光芒。当时，由于国内相关研究进展缓慢，樊昌信只能从国外文献中吸取营养。语言这个难题并没有打倒樊昌信，在北大学习期间，他学习和应用的一直是英文。1954年后，学校开始引进苏联教科书。为了适应教学需要，学校分批组织教员参加为期三个月的俄文速成班。虽然引进的苏联教科书已经翻译成中文，但是公式中的符号还是俄文的。此外，原来一些从英文翻译过来的中文专业名词，不得不用从俄文翻译过来的词语代替。比如，"输入"和"输出"在英文中是"input"和"output"，在公式中下标一般用"i"和"o"表示；但是在俄文中"输入"和"输出"是"вход"和"выход"，下标变成了"вх"和"вых"。又比如，由电感和电容并联的电路在英文中称为Tank circuit，翻译成中文叫"槽路"，现在改成"振荡电路"或"振荡回路"；从英文Kirchhoff's law翻译出的"克奇霍夫定律"变成了"基尔霍夫定律"。

虽然语言的变化让一直使用英文翻译的教员们十分不习惯，但那时的教科书和电台使用的都是俄文。客观条件的制约，迫使樊昌信必须学会俄文。当时，樊昌信的工作十分繁忙，无暇参加俄文速成班。为了早日攻克语言关，他坚持每天自学俄文语法，从宿舍到办公室的路上，他也要背一两个俄文单词。大约一年时间，他已经能借助字典翻译苏联军用电台的俄文说明书了。

1963年，他甚至翻译了一本俄文科技书——《无线电中继通信》，由人民邮电出版社出版。

中苏关系破裂后，苏联专家从中国撤走，使用了大约10年的俄文也逐渐退出教学舞台。樊昌信不得不回归自己的第一外语——英语，重新开始阅读英文文献，学习国外最新科学技术。

在特殊历史时期，为了不荒废专业工作，尽量缩短与国际学术界的差距，樊昌信和同事们参考国外最新著作，自发编写了一本新书，这便是在当时引起极大轰动的《数字通信原理》。这本书完成于1974年1月，没有机会正式出版，而是由海军司令部印刷后在内部发行。发行以后，不少院校和科研单位去海军司令部索求此书。

作为这本书的统编负责人和审稿人，樊昌信起到了重要的领头作用。为了编写完成此书，他和同事多次赴京，前往海军司令部通信部接洽，还在校外开办了数字通信短期学习班，为不少外校老师讲解数字通信课程。正是在一点一滴的积累之下，他的专业能力不断提升，犹如一棵大树，根基稳定之后，开始开枝散叶，吐露芳华。

## 铸就经典

1977年冬，国家全面恢复高考，一切走向正轨，教师可以正常开展学术交流活动。1978年春，第一批新生入学。然而，这时候学校没有适用的教材，为解当务之急，教育部制定统一的教学计划，组织编写高校的教科书。高等学校工科电子类教学计划和教科书由教育部委托电子工业部负责组织编写。于是，电子工业部成立了"高等学校无线电技术与信息系统教材编审委员会"负责此事，在教学计划中设置了"通信原理"课程，并将编写此课程教材的任务分配给了西北电讯工程学院（今西安电子科技大学）。鉴于《数字通信原理》已有相应的基础和良好的声誉，《通信原理》一书的主编之责，自然就落在了樊昌信的肩上。

当时国家尚处于计划经济时代，教师和出版社承担这样的任务基本是尽义务。樊昌信出于对专业的热爱，对人才培养的责任，无怨无悔地服从安排，挑起重任。他把教研室的同事徐炳祥、吴成柯、詹道庸组织起来，共同编写。

他敏锐地发现，随着技术的发展，信息技术已经进入数字化阶段，数字通信比模拟通信有更广阔的前景。因此在教材编撰过程中，他前瞻性地增加了数字通信的内容，缩减了模拟通信的篇幅。他还认为，学通信理论，首先要有数理基础。因此，在数次修订中，《通信原理》的第一章、第二章，始终是相关的数理基础知识。

"学生必须把数理搞懂，才能学好通信原理。"樊昌信说，"那个时候，我们没有所谓的工作时间和业余时间，白天教授课程，晚上便伏案写作，周末除了运动，就整日编写书籍。"编写组分秒必争，坚持不懈，方才保证了教材顺利面世。

根据国家要求，同时为了紧跟科技最新发展态势，教材出版以后需要每5年修订一次。因此，《通信原理》自1980年问世以来，经历了多次修订。这是一条漫漫无尽、趋向完美的长路。

从教材不断修订的过程中，读者能够体会到作者精益求精的匠心精神。正是本着这样的精神，40多年来，樊昌信教授带领编写小组，坚持保障这本精品教材的高品质。每一次修订之前，他都要组织新的编写小组。40多年漫长的岁月中，有人调走，有人离世，几乎每一次修订，编写小组的人员都有改变，但樊昌信教授一直是主编，没有缺席任何一次编写。由于每个人写作风格不同，学识修养不一，每一次修订，樊昌信都会亲自汇总和删改，将文风统一，内容优化。每一次修订之前，他首先都要更新自己的知识。如今年逾九旬，他仍然关心、关注通信领域最新的发展动态，为下一次修订作准备，与这门学科共同进步。

这本书之所以畅销、长销，不仅仅是因为它出版最早，经历了时间的检验，大家对它的体系比较熟悉，更是因为它简繁得当、深入浅出。樊昌信提到了自己的编写秘诀："教材，一定要面向大多数学生，基于最大量普通学生的基础进行编写。写作时，要把自己当成'外行'，以初学者的心态，以学生的视角来看待所写教材的内容。"他的脑子里，始终有一个假想的学生，与自己对话——这也是现代教育理念中"学生中心"的一种实践。

在《通信原理》第6版的修订中，他着眼于加强基本概念的讲解，在增强数学分析严谨性的同时，适当简化数学推导，尽可能多地介绍通信技术中能用软件实现的方法，以取代硬件实现电路相关知识，减少过时的通信技术内容，并增加新兴通信技术原理的内容。此外，对于专业名词和通信技术术语，第6版均给出对应的英文译名，以帮助读者提高阅读英文文献的能力。本书的附录和参考文献也进行了较多的增补，以满足读者特别是教师的深入学习需求。

在笔者与承担"通信原理"课程的几位老师交流时，他们都提到，如果熟悉这门课程，就能发现《通信原理》内容编排上的精巧之处：将核心思想一致的内容放在一起，更有助于学生理解，也更能深刻反映知识内涵。

在修订中，樊昌信教授还充分考虑了不同院校的课时设置，例如，他编写了《通信原理（第6版）（精编本）》，对不少章节进行了删除、精简，适合课时少的院校学生学习。在第6版的基础上，第7版又进行了九大方面的修改，包括加强基本理论、核心内容和应用背景的阐述，简述通信系统整体概念，加强理论与实际的联系，加强有关章节之间的融合和贯通，等等。

除教学和编写教材之外，樊昌信教授多年来还坚持从事科研工作。他先后主持和参加多项国家重点科研项目，例如，他主持研制的窄带用户式声码器，安装在国防科工委的测量船上，用于发射卫星时保证测量船在太平洋与中国大陆间的指挥调度；他主持研制的沃尔什函数雷达图像传输终端机，1978年获全国科学大会奖。

此外，他在国内外的学术期刊和国际学术会议上，发表了100余篇论文。他的一篇关于沃尔什函数在通信中应用的文章，是国内期刊上登刊的第一篇此类文章，当时在通信科技界的影响很大。

在多年编写书籍和撰写论文的过程中，樊昌信教授也总结了许多经验。"第一，在引用已有的他人理论或论述时，尽量阅读最原始的文献，若原始文献是外文的，尽可能阅读原文，这样可以避免转述或翻译中产生的错误，正确理解原著中的思想观点；第二，写作中注意论证的严密性和逻辑性。"他认为，"科技文章与文艺作品写作的重要区别之一，就是论述用词的严谨性。"

这些经验指引后辈通信学子在专业道路上如航船驶入大海，有了更加明确的方向。因此，《通信原理》这本教材真正起到了"引路人"的作用，带领万千学子步入更深奥的信息科学殿堂。

几十年沉淀下来的专业知识，加上与时俱进的持续更新，让这本教材的体系臻于完善。同时，《通信原理》编写团队也不断增加新成员，例如，第5版的编者是樊昌信、张甫翊、徐炳祥、吴成柯，第6版和第7版的编者是樊昌信和曹丽娜。

## 让经典焕发新的光彩

"路漫漫其修远兮，吾将上下而求索。"作为1977年恢复高考之后的首批大学生，曹丽娜是樊昌信版《通信原理》的第一批读者，留校之后，她又主讲"通信原理"课程。她经历了从读者到使用者再到编写者的全过程。如今，她是西安电子科技大学教学名师，国家级精品资源共享课程（通信原理）与中国大学MOOC课程（通信原理）的负责人和主讲人。

她回忆，2002年，加入樊昌信编写组之后，她既兴奋又忐忑。与樊昌信合作编书20年，她对老一辈西电人严谨的工作作风有了更深刻的体会。她说："跟着樊老师写教材，受益匪浅，不仅提高了自己的专业水平和写作水平，更学到了樊老师精益求精的工匠精神、严谨治学的科学态度。樊老师用词字斟句酌，反复推敲；为人平易近人，没有架子。每一章写完，二人互相审核，决不放过任何一个问题。樊老师要求，每次收到读者来信，都必须认真回复、互审，避免给读者造成困惑。曾经有一位教师读者，一口气提出了20多个问题，樊老师一一解答，引经据典，耐心解释每一个公式或概念的来历。"

更令曹丽娜佩服的是樊昌信教授与时俱进的治学态度。她说："技术和教学发展日新月异，樊老师年过九旬，仍然密切关注当前的教学模式、教学改革，注重培养青年教师，让他们发挥特长和才干，满足读者的个性化需求。"

新时代，经典教材如何焕发新的光彩？这是樊昌信和曹丽娜苦苦思考的问题。他们认为，教材必须实现系列化、数字化、视频化、网络化和多媒体化。第7版教材配套有曹丽娜亲自录制的慕课课程，读者可以在中国大学MOOC平台注册学习，目前注册人数已达5万人，其他平台播放量达100多万人次。她还积极与企业合作，推出了随堂实验和自主学习软件，帮助学生自主学习，有助于教师进行线上线下、翻转课堂等教学改革以及学校进行"金课"建设。

作为《通信原理》第6版和第7版的参编者，曹丽娜总结第7版之所以得到认可，是由于以下几个方面的原因：

第一，教材具有鲜明的亮点和特色，比如：引领性、传承性、持续性（约每5年修订、更新一次）、广泛性、适应性（适合不同层次）；优质化、系列化、数字化、多维度、多平台；承前启后，结构完整，主线清晰，论述严谨；重点突出，分析透彻，图表规范，好学易懂。

第二，樊昌信教授的个人威望和学术水平。他是我国通信领域的著名专家和领军人物，在国内外通信学术界享有盛誉。

第三，教材体系完善。随着多年发展，《通信原理》第7版配套有主教材、精编本、辅导书、课件、慕课（MOOC）教学视频、教学讨论QQ群（千余位教师参与）、随堂实验和自主学习软件等学习资源。

在曹丽娜教授身上，我们也能看到她所传承的西电精神。

2020年年初，疫情肆虐，正待剪辑的后几章的配套教学视频被封闭在录播室里，拿不出来，而不少院校的师生选用了这本书的教学视频，急需在线学习。怎么办？为了不耽误学生的学习，曹丽娜紧急上网购置录播设备，在家中搭建录播工作室，连续工作多日，重新录制了后几章的40多节慕课视频，按时上线发布，确保了课程进度。

## 传承

几代人的接力，几十年的心血，使《通信原理》成了无可替代的经典教材，在通信专业教材领域和学术界有着巨大的影响力。2021年，在全国教材工作会议暨首届全国教材建设奖视频会上，《通信原理（第7版）》荣获国家教材委员会颁发的首届全国教材建设奖——全国优秀教材（高等教育类）一等奖。

这不仅仅是对这本教材的肯定，更是对樊昌信教授和西电编写团队几十年如一日默默耕耘、无私付出、兢兢业业的高度认可。

樊昌信教授提到，兴趣是最好的老师，如果没有兴趣，在事业上是很难走远的。他对通信事业有着强烈的热爱，正是这几十年不变的兴趣和热爱支撑着他，促使他越走越远。

岁月荏苒，居诸不息。老骥伏枥，志在千里；烈士暮年，壮心不已。1999年，樊昌信教授退休，但他仍然笔耕不辍，先后出版了《通信原理教程》（至今发行至第5版）、《通信原理（英文版）》（至今发行至第3版）、《通信原理及系统实验》、《现代通信原理》以及《通信工程专业导论》（至今发行至第2版）等，可谓硕果累累，为通信原理课程的教材建设作出了重要贡献。

他寄语青年学子："现在的孩子们的学习条件得到了飞速提升，是我们那时候不能比的。这是一个最好的时代！"

如今，信息技术日新月异，《通信原理》也会随着行业发展继续完善。如果说樊昌信是勤勤恳恳的种树人，那么，《通信原理》便是他用一生栽种守护的大树。"师者，所以传道授业解惑也"，从一本教材上，我们看到了师道的光辉，看到了热爱的力量，更看到了美好的传承。经典永存，热爱不灭。

【撰稿：王佳（西安电子科技大学档案馆/校史馆/博物馆特约作者）】

## 樊昌信出版教材一览表

| 序号 | 出版教材名称 | 出版时间 |
|:---:|:---:|:---:|
| 1 | 《无线电多路通信系统》 | 1963年 |
| 2 | 《数字通信简述》 | 1977年 |
| 3 | 《通信原理》 | 1980年 |
| 4 | 《通信原理（第2版）》 | 1984年 |
| 5 | 《通信原理（第3版）》 | 1988年 |
| 6 | 《工程矩阵方法》 | 1988年 |
| 7 | 《数字专用集成电路设计》 | 1993年 |
| 8 | 《通信原理（第4版）》 | 1995年 |
| 9 | 《通信原理（第5版）》 | 2001年 |
| 10 | 《通信原理教程》 | 2005年 |
| 11 | 《通信原理（第6版）》 | 2006年 |
| 12 | 《通信原理（第6版）学习辅导与考研指导》 | 2007年 |
| 13 | 《通信原理及系统实验》 | 2007年 |
| 14 | 《通信原理（第6版）（精编本）》 | 2008年 |
| 15 | 《通信原理教程（第2版）》 | 2008年 |
| 16 | 《现代通信原理》 | 2009年 |
| 17 | 《通信原理（英文版）》 | 2010年 |
| 18 | 《通信原理（第7版）》 | 2012年 |
| 19 | 《通信原理教程（第3版）》 | 2012年 |
| 20 | 《通信原理（第7版）学习辅导与考研指导》 | 2013年 |
| 21 | 《通信原理（英文版）（第2版）》 | 2015年 |

| 序号 | 出版教材名称 | 出版时间 |
|:---:|:---:|:---:|
| 22 | 《通信工程专业导论》 | 2018年 |
| 23 | 《通信原理教程（第4版）》 | 2019年 |
| 24 | 《通信原理（英文版）（第3版）》 | 2020年 |
| 25 | 《通信原理（第7版）精编本》 | 2021年 |
| 26 | 《通信工程专业导论（第2版）》 | 2022年 |
| 27 | 《通信原理教程（第5版）》 | 2023年 |

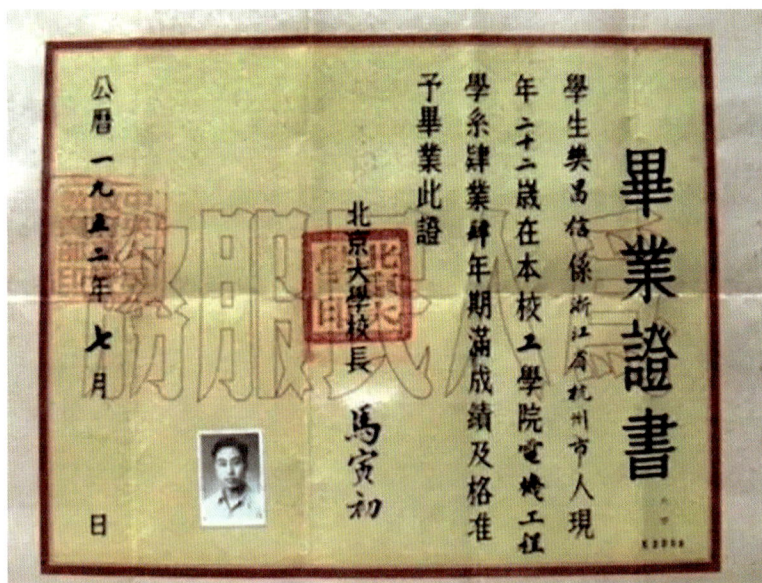

◀樊昌信的北京大学
毕业证书

◀北京市团代会大学
生代表团合影（第三
排左三为樊昌信）

▶张家口时期中央人民政府人民革命军事委员会工程学校校门

▶樊昌信为编写教材所摘抄、翻译的参考资料

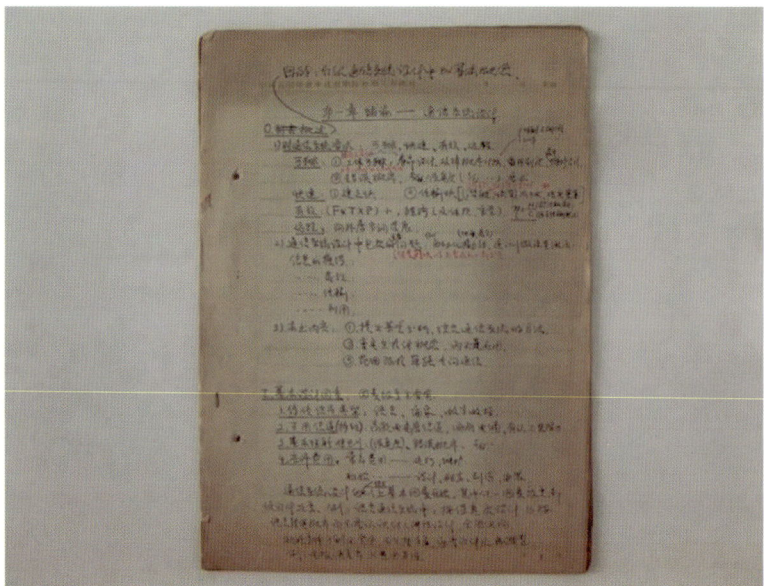

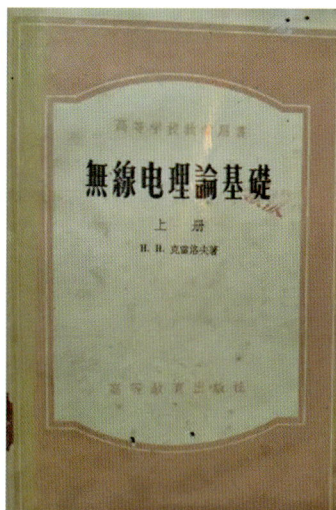

◀ 1966 年由胡征、樊昌信等人翻译出版的《通信系统理论讲座》

◀《无线电理论基础》，H.H. 克雷洛夫著

◀《数字通信原理》（1974 版）

► 1990 年，樊昌信
访问白俄罗斯明斯克
无线电工程学院

►《通信原理》( 1980
版 )

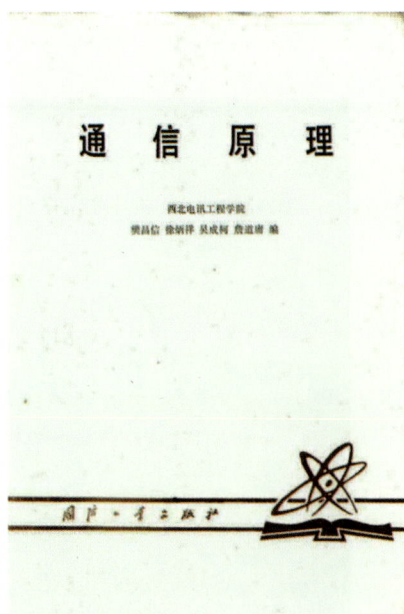

通 信 原 理

西北电讯工程学院
樊昌信 徐炳祥 吴成柯 詹道庸 编

国防·工业出版社

◀ 1991 年 12 月 至 1992 年 1 月，向阳红 10 号测量船搭载樊昌信为国防科工委研制的声码器远赴南太平洋，该声码器用于发射卫星时保证测量船在太平洋与中国大陆间的指挥调度

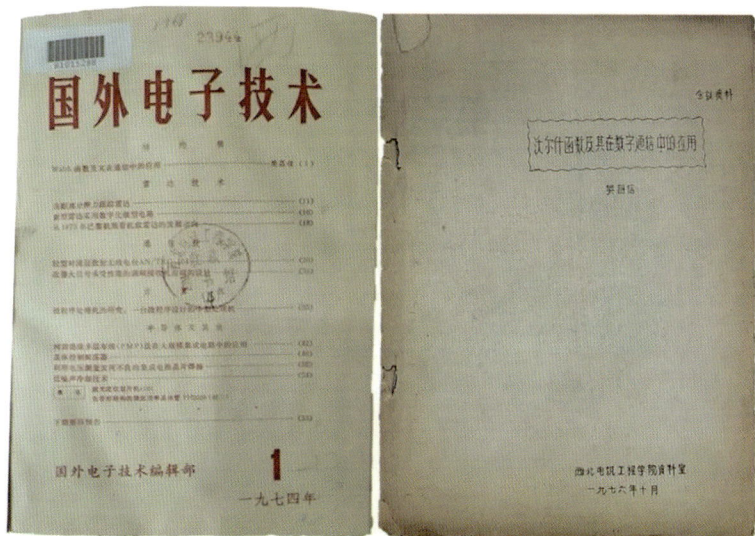

◀ 期刊《国外电子技术》及《沃尔什函数及其在数字通信中的应用》资料

▶泛黄的讲义和笔记是樊昌信几十年来认真教学、恪守严谨的真实写照

▶樊昌信部分著译图书封面

▼樊昌信多年来所获的
各项荣誉证书及聘书

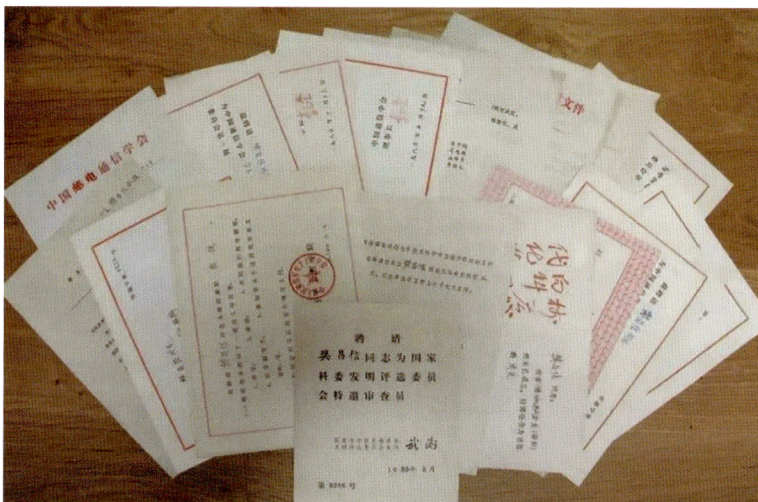

▶曹丽娜正在授课

▶《通信原理（第7版）》荣获首届全国教材建设奖——全国优秀教材（高等教育类）一等奖，此为获奖证书

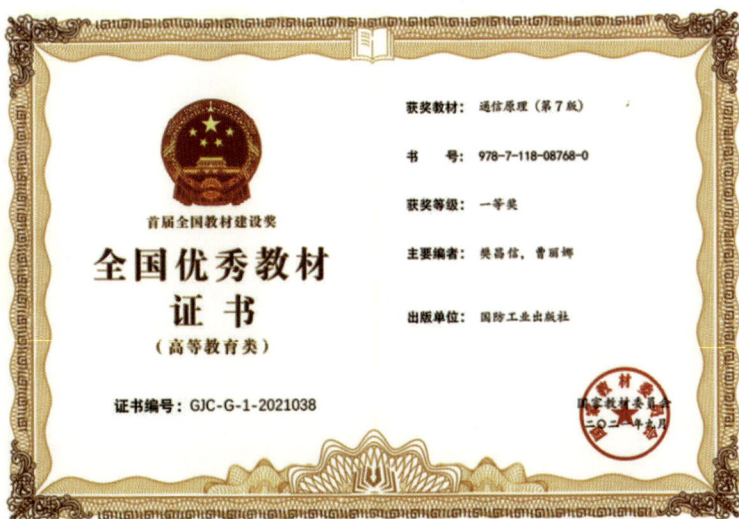

◀樊昌信

◀樊昌信与采访小组
合影（左起：王佳、强
薇、樊昌信、杨舒丹）

刘增基

与通信系列教材

60 余年间，刘增基教授脚踏实地，认真做好科研，不断学习，辛勤培育学生。"笔耕不辍，精心编撰 6 部教材。流星划过一瞬，刘增基教授对科研与教学的热爱持续了一生。

刘增基，男，1937年11月生于浙江丽水。1955年7月高中毕业后志愿入伍，1961年7月毕业于中国人民解放军军事电信工程学院（今西安电子科技大学）电信工程系电信工程专业并留校任教，1979年被评为讲师，1982年被破格提升为副教授，1987年晋升为教授，1991年被评为机械电子工业部有突出贡献专家，1992年起享受国务院政府特殊津贴，1993年任通信工程学院院长，1995年任博士生指导教师，2010年被西安电子科技大学聘为"学术振兴计划"工程系统（通信系统）首席专家。曾任中国通信学会会士、陕西省通信学会理事等。

刘增基教授长期从事通信系统的科研工作，是通信领域的杰出专家。1976年，作为主研人之一成功研制我国第一套流星余迹与电离层散射通信系统，该系统获1978年科学大会奖。1985年被评为"电子工业部部级优秀教师"。

许多人之所以知道刘增基，是因为他是中国第一套流星余迹通信系统的主研人之一。

更多人不知道的是，他深耕通信领域60余年，作为综合业务网（ISN）国家重点实验室第一任主任，带领团队完成了多项先进科研项目。

60余年间，他脚踏实地，认真做好科研；不断学习，辛勤培育学生；笔耕不辍，精心编撰6部教材。

与刘增基老师畅谈的那个下午，时光定格，我仿佛看见了背着书包初到张家口的少年，目光坚毅、充满向往；仿佛看见了扎根西电、胸怀宇宙的青年科学家，在无数夜晚无畏困难、坚持登攀；仿佛看见了和蔼可亲的良师益友伏案批阅论文，亲切地与学生交流探讨……

流星划过一瞬，刘增基对科研与教学的热爱持续了一生。

## 江南少年北上求学

1937年，刘增基生于浙江丽水。生在抗日烽火年代、长在红旗下的刘增基，成绩优异，名列前茅。他的哥哥在1952年便考上了东北工学院（今东北大学），1956年毕业分配到上海工作，后来成为教授级高级工程师。

填写高考志愿时，刘增基选择了大多数同学都不愿意上的师范类专业，老师得知后找他谈话，认为他应该去更好的学校、更好的专业。于是，他将志愿改成北京大学数学力学系。

然而命运似乎有它自己的安排。高考前夕，中国人民解放军军事通信工程学院无线电工程系（1959年调整为电信工程系）政委段洪勋带队到浙江丽水招收保送生，成绩优异的刘增基被选中。1955年，在经过40多天的入伍训练之后，他进入学校无线电工程系学习。

回想起当时的情景，刘增基丝毫没有放弃更高学府的遗憾。时光似乎回到了几十年前的那个夏天，那时的少年对未来生活充满了憧憬："当时学校属于总参，我满心欢喜、满怀热情地想加入中国人民解放军。"

从浙江丽水到张家口，从江南水乡到塞外名城，学习生活条件比想象的更艰苦：住的房子是日寇占领时期留下的，几十个人住一间；即使是零下28摄氏度的寒冬，也依旧要外出进行军事训练。

然而，当时学习的课程在学校领导和教员们的精心安排下丰富又系统：有高等数学、普通物理、普通化学、外语（当时是俄语）、电工理论基础等公共理论课，以及无线电理论基础、电子管、电子线路、脉冲技术等专业基础课和以天线、发射机、接收机、军用机等设备展开教学的专业课。此外，还有工程制图、画法几何、理论力学、材料力学、机械原理、内燃机、电机（含变压器、发动机、电动机）等辅助课程，以及射击、军事地形学、战术、通信组织、军事体育等军事课。由于学习成绩优异，1956年刘增基参加了学校的社会主义建设积极分子大会，并在会上发言，介绍了学习经验。

1958年夏，学校响应国家国防战略和建设大西北的需要，实施迁校西安的工作。从张家口迁校到西安后，办学条件明显改善，学校的培养目标也从培养"维护工程师"提升为培养"研究设计工程师"。

"1959年，陈太一老师用20个小时给我们讲授了信息论，从理论的高度去认识通信当中的技术问题。"这20个小时用刘增基的话来讲，作用很大，受益终身。自此之后，以信息论为指导，他的一生与通信科学技术结下了不解之缘。

## 流星余迹通信的研究

"我是幸运的。"谈到自己的工作和生活，刘增基说道，"毕业留校是服从组织分配，但确实让我将自己所学的专业知识充分地运用到了热爱的事业中。"

刚刚毕业，初到沙井村试验站的刘增基一定也这么认为。

1960年，根据上级指示和学校党委扩大会议提出的"以教好、学好、全面提高教学质量为中心"的指导思想，学院拟将全年承担与自选的科研项目由61项缩减为11项，保留的项目中流星余迹通信机位列第一。

1961年，毕业留校的刘增基接受系里安排，进入沙井村试验站进行流星余迹通信的研究。当时的试验站条件艰苦、人员短缺，除了即将调回教学岗位的技术总负责人杨千里讲师，只有吴海洋和见习期的刘增基两位教员，以及一批来自通信团的战士。

艰苦的工作条件没有磨灭大家对事业的热爱，抬头仰望的是更加辽阔的天空。

刘增基一边学习，一边参加试验，观察流星信号和实际通信效果。从1961年到1962年北京至西安单向传输试验报文的效果来看，流星余迹通信存在通信量较少、差错率高等问题。为了有更多的机会观察，试验往往在凌晨1点到7点进行。经过一段时间的反复观察，刘增基认识到了差错的主要原因，写了《流星余迹通信体系中的控制设备及迟延分析》一文，后来发表在《电子学报》上。

1962年暑假，胡征和樊昌信到沙井村试验站调研，他们建议试验站的同志从基础抓起，着手准备流星余迹传播规律的研究。胡征送给刘增基一本关于统计数学的英文书。按照该书提供的数理统计方法，刘增基用一周时间写出了"流星余迹前向散射传播测试方案"，确定了需要测试的项目、每个项目的测试方法、所需的设备、数据记录及整理的方法等。

1963年，完整的流星余迹全双工通信系统正式开始研制。1965年，中国第一套双向流星余迹通信机诞生，被命名为HX101-A，其中HX代表红星，101代表101室，A则代表机型。整个设备基于电子管分立元件，共分为五个部分，刘增基和包洲负责控制部分，参与总体设计；缪锦标负责收发信机，荣彰涛负责收发天线，吴海洋负责总体和终端设备。

"用相对落后的技术手段，去研制先进而复杂的电子信息系统，这就是我们当时的处境。"刘增基回忆道。

1973年，第二代流星余迹通信系统HX101-B完成，实现了控制终端小型化。相比于HX101-A，HX101-B用晶体管分立元件取代电子管分立元件，原来两个终端大机柜加一个控制台缩小为一个小机柜，发送终端、接收终端、控制器和稳压电源各占一个抽屉，发射机、接收机和天线维持不变，其电性能基本不变。HX101-B在北京通过六机部组织的技术鉴定后，投入小批量生产试用。后来，第二代流星余迹通信系统又做了一些改进，被命名为HX101-C，曾在海军、空军进行过试用。

1975年，为了解决某段时间通信等待过长的问题，研究团队提出采用自适应变速的方法，用同一套设备综合利用大小流星余迹与电离层散射。基于此，1976年，研究团队利用全部国产的小规模集成电路成功研制HX101-D，并在北京和西安之间试验成功。

在1978年的全国科学大会上，流星余迹与电离层散射通信设备获全国科学大会奖。同年在陕西省科学大会上，包洲、刘增基被授予"优秀科技工作者"称号，流星余迹与电离层散射通信设备项目组被授予"先进集体"光荣称号。

20世纪80年代以后，在包洲的主持下，一系（今西安电子科技大学通信工程学院）101室成功研制出了HX101-E，这是一套用微处理机控制的流星余迹通信系统，体积大大缩小，对流星的利用率提高了2～3倍。

进入21世纪，随着编码调制技术、超大规模集成电路技术和计算机技术的发展，学校开展了新一代流星余迹通信系统的基础性研究。在金力军、李赞等老师的努力下，新一代流星余迹全双工通信系统于2007年研制成功，并完成了多次野外通信试验。

从HX101-A到新一代流星余迹通信系统，时光似乎在辽阔无垠的宇宙中定格，闪烁的繁星见证了无数西电人的钻研和拼搏。然而，时间的长河从未停止流淌，西电人为国家、为科学发展作贡献的初心从来不曾改变。

## 完成看似不可能的任务

20世纪80年代初，总参二部为了满足侦察分队深入敌后回传情报的需求，要求电子部研制出一种重量轻、体积小、传送距离远的轻型快速通信设备。为了提高通信效率、保证通信安全，总参二部对这种轻型快速通信设备提出了三项要求：传输距离0～200公里、每次通信时间不超过1秒、重量小于10公斤。在当时的技术条件下，这些要求既苛刻又超前。

任务下达给西北电讯工程学院之前，电子部已经找过好几家研究单位，都因为难以实现被拒绝了。电子部找到西北电讯工程学院，科研处将这一项目分配给了101室。

经过缜密的分析，刘增基认为，这并不是不可能完成的任务。0～200公里传输距离可以通过短波电离反射实现，快速通信可以借鉴流星余迹通信系统能实现瞬间突发这一特性，难点在于如何减轻重量。经过调研，10公斤重的短波通信设备中，电池重量占到4公斤。但刘增基看到，随着集成电路技术的发展，整机重量的进一步减轻是可以实现的。

从1983年到1985年，从方案制订到试验设备研制，过程尤为艰苦。项目组做过一个20多公里的模拟试验，试验的结果相当不好。"电子部分管这个项目的同志觉得我们也干不了，反正这个项目是科研，可以失败，难度也很大，所以劝我们不要干了。但是我们不能就此放弃，这个时候就是要从失败中总结经验教训。"刘增基说。

靠着严谨的工作态度和不服输的精神，刘增基和项目组成员经过反复试验，根据短波电离层反射信道的特征，采用时频调制加调频技术对抗多径和衰落，利用混合二型ARQ技术对抗干扰，利用微机控制实现瞬间突发传输，终于在1987年研制出性能样机，并通过技术鉴定进入设计定型样机研制阶段。

从1983年到1990年，经历了一次又一次的失败、总结、调整，从试验样机、性能样机到设计定型样机，再到最后转厂投入使用，项目组最终给电子部上交了满意答卷。研制出的设备由总参二部定名为BCT-605型快速通信机，1991年获机械电子工业部科学技术进步奖二等奖。

## ISN实验室第一任主任

1984年，国际通信会议（ICCC）提出"科学、系统与服务"的口号，揭示了计算机科学与技术对现代通信发展的深远影响。从阿姆斯特丹参会回来的刘增基明显感觉到，综合业务网将成为通信行业发展的趋势。

1985年，为了加强通信技术与计算机技术的结合，一系开办计算机通信专业。1987年，刘增基从101室调到108室，开始从事计算机通信相关的科研和教学工作。

1988年，在学校的支持下，系里开始组织力量申办国家重点实验室，1989年申办成功，由刘增基担任实验室主任，樊昌信担任学术委员会主任。实验室于1995年正式投入运行，研究方向之一是"网络与交换"，网络主要就是指宽带综合业务网。

异步传输模式ATM是当时世界流行的先进技术，同时也是通信技术的一个制高点。刘增基说："我们一定要占领这个制高点，不管以后用途怎样。"

自此之后，作为主研人之一，刘增基与周代琪等老师一起，与华为公司合作完成了"863计划"重大项目"单节点ATM试验模型"中ATM交换机的研制，并于"863计划"十年成果展之前完成了宽带综合业务网通信试验，实现了包括电视、电话以及计算机高速数据通信在内的多种通信。这是我国第一台具有信令功能的ATM交换机，1997年获电子工业部科学技术进步奖二等奖。

"九五"期间，实验室与石家庄电子54所合作，成功研制了一种区域机动通信网，实现了数字的多业务ATM复接分接。联合试验阶段，时任实验室主任以及通信工程学院院长的刘增基，在联试现场停留半年多，帮助研制团队实现了ATM技术的完整功能。该机动通信网系统获2001年国防科学技术奖二等奖。

创业维艰，玉汝于成。经过30多年的学术积累和几代人的共同努力，"综合业务网理论及关键技术"国家重点实验室（ISN）已顺利通过四轮评估。实验室聚焦网络通信领域开展探索研究和创新，力求引领空天领域的新型网络技术，已成为高层次人才的培养基地和科技创新的重要基地。

行程万里，不忘初心；信念如磐，一脉相承。独立自主与坚持不懈，是连接过去、现在和未来的重要精神纽带。

## 紧跟时代　不断学习

1985年，刘增基获评"电子高等教育优秀教师"；1991年，他被机械电子工业部评为有突出贡献专家。60多年来，他始终坚守在科研、教学、育人的第一线，始终将自己个人的发展融入学校的发展和国家的需要中。精心参与编撰的6部教材，便是他辛勤耕耘一生的生动诠释。

在沙井村试验站时，为了让只有初中文化水平的通信团战士更了解基础通信技术相关的知识，刘增基利用业余时间给战士们上课，通俗地讲解无线电元器件和设备的知识。

1972年，学校开始招收工农兵学员，刘增基主讲"数字逻辑电路"和"概率论与数字信息传输"这两门课。1980年后，他主讲"科技英语""传输原理""交换理论基础"等本科生课程和"通信理论""计算机通信网""综合业务数字网"等研究生课程。这些教学活动为他编著科技图书和教材打下了扎实的基础。

1986年，中国通信学会与人民邮电出版社协作组织出版"通信工程丛书"。西北电讯工程学院郭梯云、刘增基、王新梅、詹道庸、杨洽共同编著了《数据传输》一书，作为该丛书的重要组成部分。这本书强调数据传输系统的设备及各项技术措施都是以信道的客观规律为转移的这一基本原理，主要特色是力求兼顾理论的完整性、先进性与工程实用性。

20世纪80年代中后期，视频通信和高速数据通信需求的不断增长以及用户数量的激增，要求整个网络承载宽带业务，光纤通信成为必然选择。时任校长梁昌洪和时任副校长谢维信找到刘增基，要求一系"把光纤通信搞上去"。当时，一系两个主要专业通信工程和信息工程都侧重于无线通信，且注重编码、调制、同步等关键技术，而光纤通信则要依靠微波通信技术。尽管如此，考虑到通信学科的长远发展和现实需求，刘增基还是接受了这个挑战。

归根结底，光纤通信是个新技术、新领域，要搞明白、弄清楚，就要从头学起。"从知之甚少到知之较多，从不会到会，就需要学习，要认认真真学习。"刘增基说。

刘增基学习的途径主要有：一是有选择地阅读相关书籍，他大量阅读了包括《光纤通信原理》（张煦著）、《光纤通信工程》（赵梓森著），以及R. L. Freeman所写的 *Telecommunication Transmission Handbook*（电信传输手册）等相关资料；二是通过科研工作在实干中学习，1992年至1999年间，他与兄弟高校、科研院所合作完成的诸多项目，为他进行光纤通信研究提供了大量的实践知识；三是通过指导研究生论文进行学习，博士生胡辽林、秦浩及姚明昕等的论文涉及光纤通信的调制、光网络与光交换等知识，他通过阅读文献、整理探讨、理论分析、计算机仿真和多次阅改论文等方式，进一步掌握了光纤通信的调制、复用、交换等技术；四是通过举办学术讲座进行学习，在"信息高速公路""光纤通信及其发展""未来的互联网"等多场讲座的准备、讲授和交流中，他更全面、深入地掌握了相关知识。

"我们始终铭记：必须写出一本有特色的、高质量的教材，否则不如不写。"刘增基说。

经过编写组老师的共同努力，2001年作为高等学校电子信息类规划教材之一的《光纤通信》顺利出版，填补了学校教材在这一领域的空白。2008年，《光纤通信（第二版）》被列入普通高等教育"十一五"国家级规划教材。

截至2025年，两个版本的《光纤通信》共印刷36次，发行20多万册，在西安电子科技大学、山东大学、太原理工大学等全国30余所高校的科研和教学中得到了广泛使用。

1996年，根据国家教育委员会的安排，学校撤销了计算机通信专业，将其并入通信工程专业，但网络通信的重要性并没有因此降低，通信工程学院及ISN国家重点实验室提出了"发展优势、主攻网络、开拓新域"的行动口号。

通信工程学院将计算机通信专业原有的三门课程"交换理论基础""程控交换技术""计算机通信网原理"中有关交换工程的内容提取出来，按照"交换理论基础—电路交换—分组交换—快速分组交换—特种交换"的顺序合并成一门新的课程，取名为"交换原理与技术"。

为了应对教学急需，老师们先编写出了讲义。

"刘老师等人写的书稿很好，不需改动，可直接出版！"人民邮电出版社责任编辑将这一消息第一时间告诉了刘增基，审稿顺利通过。2007年，普通高等教育"十一五"国家级规划教材、21世纪高等院校电子信息类规划教材《交换原理与技术》出版。

一本好的教材，如一盏明灯，可以指引学科发展和人才培养的方向。然而，要写出一本好的教材是有难度的。如何兼顾内容的完整性、系统性、先进性和实用性，是必须解决的问题。

刘增基认为写教材与搞科研十分相似，两者的方法论和实际操作是共通的。写教材大致分为四个步骤：一是做好调查研究工作，调查需求、分析对象、收集及消化相关参考资料；二是讨论并编写大纲，这一步相当于科研项目总体方案的论证和设计；三是分工负责，相当于科研项目的部件研制，每位作者发挥特长和主观能动性确保各部分质量；四是统稿，相当于系统联调，负责人对内容把关，力求做到思路清晰、文风一致，这是保证教材质量的最后一环。

弦歌不辍，薪火相传。2011年，根据刘增基有关流星余迹通信的研究，李赞结合自己的最新研究成果，以第一作者的身份编著了《流星余迹通信理论与应用》一书。2015年，由于在流星余迹通信系统研究中的杰出贡献，李赞荣膺"中国青年女科学家"称号。颁奖词这样写道："她研制出了我国独立自主的新一代流星余迹通信系统，出版了国内该领域第一本专著。"

时代在变，年轻的面孔也在变，但西电人爱国奋斗和追求进步的目标永远不变，红色基因的底色永远不变，始终奋进在时代前列的精神永远不变。

2006年，刘增基退休，但他退而不休，依旧活跃在通信技术研究的最前沿。2010年，他被聘任为学校"学术振兴计划"工程系统（通信系统）首席专家。2007年至2010年，他作为负责人完成了"激光通信总体技术"的预研项目。2017年，已经80岁高龄的刘增基受邀参加国家重点研发计划"战略性国际科技创新合作"中的重点专项项目"基于多域智能宽带机动自组网应急通信系统"。在这个项目中，他参与了项目的策划、总体方案的论证和部分野外试验工作。

2022年，85岁高龄的他被评为西电"最美教师"。这一奖项让他惊喜又意外，虽然已经有了众多标志性的科研成果，培养了一代又一代的通信人才，谦虚又低调的他说的最多的却是："这是对老同志的优待。"

在谈到对青年学子的期望时，刘增基强调了不断学习的重要性。

在通信工程学院的历史上，前辈们曾举办过多次讨论班，这是培养年轻教师的一个好办法。讨论班围绕某项新理论或新技术，让老师们分头准备、相互交流讨论和辩论，促进共同提高。1960年前后，陈太一、胡征曾办过"信息论"讨论班，培养出了国内著名的信息论与编码专家肖国镇、王育民和王新梅等。后来，胡征和樊昌信等举办过"通信系统理论"讲座、"统计通信理论"讨论班。20世纪80年代初，郭梯云举办过"移动通信"讨论班。刘增基曾参与了"统计通信理论"和"移动通信"讨论班，获益匪浅。刘增基还曾在101室举办了"通信工程中的随机过程"讨论班，重点研讨马尔可夫链和马尔可夫过程及其在同步控制技术中的应用。

谈到与学生的关系，刘增基始终将指导学生看作是丰富自己、充实自己的过程。他向保铮老师学习，对学生提交的论文严格把关，一般要看三遍。第一遍看大纲，看哪些内容该写，哪些内容不该写，有哪些创新点；第二遍看内容是否正确，哪些需要修改，哪些需要补充；第三遍看细节，对行文规范和文字表达进行最终审定。

他深刻体会到学生完成论文及获得科研成果都需要付出大量的时间和精力，归纳、整理、消化、创新都要付出艰苦的劳动，但也正是这些艰苦而有趣的过程，使学生和老师的学术与科研水平得以提高。

对于当代青年，刘增基情真意切、充满信心。他将自己耄耋之年的积淀，化作对学生和青年教师的三点嘱托。

一是一定要努力学习，不断学习。要多读书、读好书。读书要泛读、精读和研读相结合。不要应付作业、考试。

二是一定要注重基础，最重要的是做到基本概念清楚、基本知识牢固、基本技能熟练。

　　三是一定要做到数学、外语、计算机"三个不断线"，只有学好这三门课程，才能掌握自然科学知识及技术，也才能具备不断学习的能力。

　　低调、谦逊、实干、奋进，在刘增基教授的身上，我们看到了一代又一代西电人从国家急迫需要和长远需求出发，着力解决国家最重大、最关键、最急需科学技术问题的担当与实力，更看到了西电人凝心聚力、勇往直前，展现更大作为、实现更大突破的拼搏精神和决心。

　　【撰稿：雷崇鸽（西安电子科技大学政策研究室）】

## 刘增基出版教材一览表

| 序号 | 出版教材名称 | 出版时间 |
|------|------|------|
| 1 | 《数据传输》 | 1986年 |
| 2 | 《数据传输（修订本）》 | 1988年 |
| 3 | 《光纤通信》 | 2001年 |
| 4 | 《交换原理与技术》 | 2007年 |
| 5 | 《光纤通信（第二版）》 | 2008年 |
| 6 | 《流星余迹通信理论与应用》 | 2011年 |

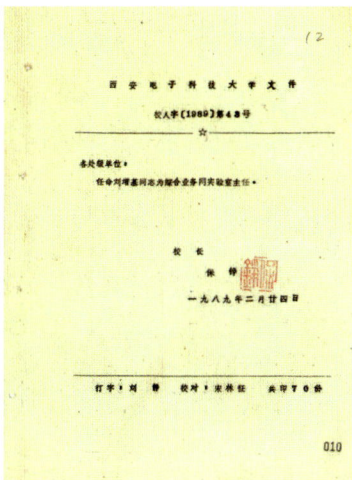

◀大学时期的刘增基

◀任命刘增基为综合
业务网实验室主任的
文件

◀中国人民解放军通
信学院积极分子代表
会议会刊刊登：严格
要求自己取得优秀成
绩的刘增基同志

▶ 1958 年下学期，刘
增基所在班级的课表

◀离别张家口，西迁西安

◀刘增基

▶刘增基的本科毕业
证书

▶1962 年，中国人
民解放军军事电信工
程学院科学研究工作
总结中有关流星余迹
的记录

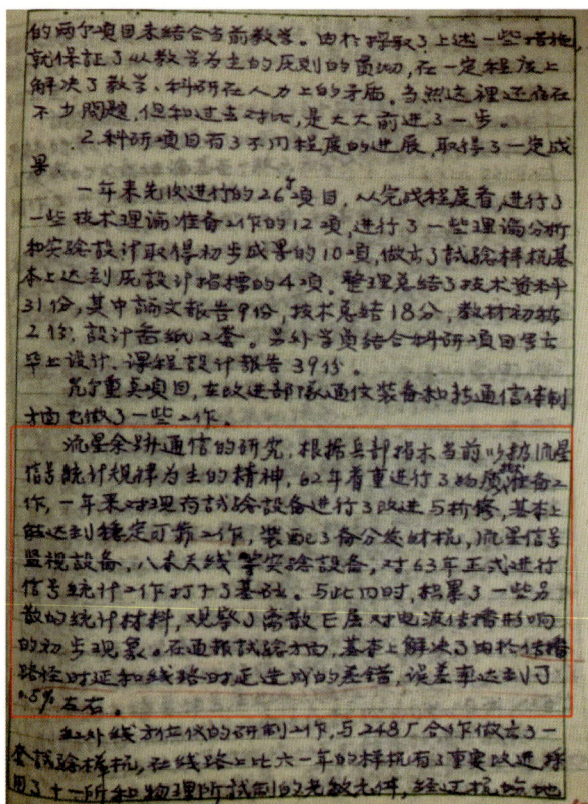

◀ 1965 年流星余迹通信系统 HX101-A 达到的技术水平

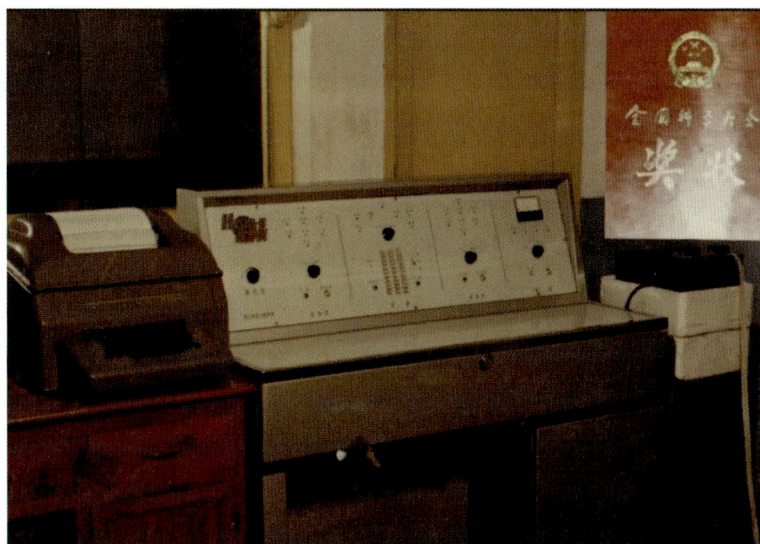

◀ HX101-D 型流星余迹与电离层散射通信设备

▶ HX101-E 型流星
余迹与电离层散射相
结合的通信设备天线

▶ 1978 年，陕西省
委对流星余迹与电离
层散射通信设备项目
组进行表彰

◀刘增基

◀刘增基与采访小组合影（左起：雷崇鸽、刘增基、杨舒丹、田鸽）

吴成柯
与图像通信

多年来，吴成柯团队对事业的专注和对工作的严谨，让其在向航天压缩领域进军的征程中，不仅逐步树立了行业口碑，还在关键领域取得了重要突破。吴成柯淡泊名利、甘为人梯、奖掖后学，为国家培育了一批又一批青年力量。

吴成柯，男，1938年8月出生于安徽省休宁县。1962年毕业于中国人民解放军军事电信工程学院（今西安电子科技大学），并留校任教；1980年至1982年在美国宾夕法尼亚大学做访问学者；1991年晋升为教授；1992年被评为机械电子工业部有突出贡献专家；1992年起享受国务院政府特殊津贴；1993年被评为博士生导师。曾任校学术委员会和学位委员会委员，国家自然科学基金委员会信息科学部第九届和第十届专家评审组成员。1991年被国防科工委评为"863计划先进工作者"；2019年被中共中央、国务院、中央军委授予"庆祝中华人民共和国成立70周年"纪念章。

吴成柯教授主持了多项国家级科研项目，主持并完成我国探月工程和载人航天工程中的图像压缩技术项目，研究成果成功应用于"嫦娥""天宫""天绘""高分"及"天问"等一系列飞行器中，为我国航天工程和通信技术发展作出了重要贡献。

## 参军入西电 争当好教师

1938年8月，吴成柯出生于安徽省休宁县。1950年和1953年，吴成柯均以第一名的成绩分别考入安徽省休宁中学的初中部和高中部。休宁中学创建于1912年，直到20世纪50年代末，这所乡村中学都是当地最好的中学，曾被誉为"皖南学府"。

在高考到来之前，一场不期而至的宣讲会开启了他新的升学之路。彼时，中国人民解放军通信学院（今西安电子科技大学）的郑国贤大尉来到了这所中学。在大礼堂，一场面向毕业生的参军宣讲就此展开。

那是一个对军人高度崇拜的时代，一人参军，全家光荣。由于学习成绩优秀，经过政审和体检，吴成柯被选拔保送到中国人民解放军通信学院。

离家参军，告别父母。在那个物质贫瘠的年代，父母从街上买来一斤面条给即将远行的儿子做了肉丝面。18岁的小伙吃完还不够，又喝了一碗大米稀饭。那个年代，油水不足啊！这顿饭至今还留在他的记忆里。

1956年7月25日，他和同期被录取的其他同学一起踏上了北去的列车。火车一路向北，经过首都北京，然后又经过长城抵达张家口。在昔日兵家必争之地张家口的一个叫东山坡的地方，中国人民解放军通信学院就在这里，在曾经日寇军营的基础上修建了自己的校园。

吴成柯的军旅生涯就此开始。两年后学校迁往古城西安，他看见学校雄伟的教学大楼，心里非常高兴，就像中学时代那样，立志要成为这里的优秀学员。

20世纪50年代末期，学校步入了发展的快车道，1959年被确定为全国首批20所重点大学。一时间，不仅学校的学员数量激增，从全国各地奉调来陕的优秀教师，如肖国镇、陈开周等老师也纷至沓来。

多年以后，回忆起当时在本系授课的老师，吴成柯如数家珍："清华毕业的谢希仁老师和叶尚辉老师讲授电子器件和理论力学；北大毕业的吴万春老师讲授电工原理；留美回国的朱曾赏老师和胡征老师讲授有线电通信课程；北大毕业的郭梯云老师和樊昌信老师讲授无线电通信课程。他们不仅学识渊博，讲课深入浅出，还注重教导学生分析问题的方法。"

在浓郁的学习研究氛围中，吴成柯努力学习，刻苦钻研，多次被评为"学习标兵"和"五好学员"，并被任命为学员组（每组30名同学）的学习组长。

1962年，吴成柯毕业后留校任教，被分配到无线电工程系发射教研组。当时的教研室领导有胡征老师、郭梯云老师及张祥臻协理员。

"我们有胡老师和郭老师作为你的榜样，希望你向他们学习，当一名好教员，为国家多作贡献。"多年以后，张协理员讲过的话依然清晰地刻在吴成柯的脑海中。在前辈们的精心培养下，吴成柯努力完成教学任务，被评为1965年度"先进工作者"。

## 出国访学 教研图像处理

从1962年留校到1978年被评为讲师，在这十余年里，尽管正常的教学和科研工作受到严重冲击，但吴成柯始终没有忘记学习的重要性。即便在他和学校的两名工人一起被派往东郊东方机械厂的工地挖防空洞的三个月里，他也不忘抽空学习。

他中学和大学都学的是俄语，英语基础很薄弱。因此，他总是利用有限时间弥补这一不足。即使每天在烈日下辛苦地搬石头、运泥沙，他也会随身带上一本英文版的《毛泽东选集》。每到休息时间，其他精疲力尽的施工人员都抓紧时间休息，他却还要看几句英文，背几个单词。因为他总觉得，知识对于国家建设终究是有用的，即便环境再艰苦，也不应该放弃学习。

机遇总是留给有准备的人。1979年，随着邓小平历史性访美的结束，国家组织出国人员考试的通知发到了西北电讯工程学院。教研室领导宣布：分数面前人人平等。考试的准备时间为三个月，考试科目是英语、基础和专业基础三门。

不出所料，保持学习习惯的吴成柯通过了这次考试，成为我国派往海外留学的人员之一。这一次，他将去往美国宾夕法尼亚大学。美国大学众多，为什么会是宾大？我们在西电老校长吕白的回忆录《烽火电波》中找到了历史的蛛丝马迹。

1978年秋天，在北京三里屯四机部会议室开会的吕白接到了一个临时任务，美国宾夕法尼亚大学计算机教授卡尔要来华访问，西北电讯工程学院被列为到访单位。就这样，卡尔教授第一次到访西北电讯工程学院。

此后不久，宾大终身教授顾毓琇再访西北电讯工程学院。这两次访问在宾大产生了影响，最终促成宾大代表团访华，并与西北电讯工程学院建立友好大学关系。宾大来访的三位系主任分别选定了西北电讯工程学院的三名教师到各自系做访问学者，吴成柯就是其中之一，另外两名是葛德彪和谢维信。

1980年11月，吴成柯作为宾大计算机和信息工程系访问学者来到宾大校园，开始了为期两年的访问学者之旅。他对系里各教授的研究方向作了调查与研究后，对R. Bajcsy教授的图像处理方向产生了浓厚兴趣。Bajcsy教授是数字图像处理技术领域的著名学者、美国国家工程院（NAE）院士。

吴成柯选读了她发表的有关文章，提出了自己的看法并与她互动。最终他作出了选择，决定从原来的通信系统研究领域转向数字图像处理技术领域。

在宾大校园里，吴成柯深刻地感受到数字图像处理和压缩技术发展迅猛，未来一定会大放异彩。在阅读了杂志上有关计算机视觉三维重建的论文后，针对当时三维重建的精度问题，他写了一份研究报告与Bajcsy教授交流。

Bajcsy教授很支持吴成柯的想法，不仅亲自到有关公司帮助他购置用于实验的器材，还请他在自己主持的研讨会上作专题报告，介绍该三维数据获取方法和实验结果。后来，她又指定两名美国博士生协助吴成柯修改英文论文。论文完成后发表在国际杂志《计算机视觉图形学与图像处理》（CVGIP）上。

1982年11月，吴成柯学成归国，先后开设"图像通信"及"图像和图形处理"的本科生与研究生课程。1984年，国家指示在部分高校成立"图像传输与处理"专业。由于吴成柯在访美期间从事过图像处理的研究工作，通信工程系决定由吴成柯负责创建图像传输与处理研究室（今西安电子科技大学图像所），并负责该专业的建设工作。当时任系主任的陆心如也参与了研究室的创建工作。

研究室成立后，1985年，国家经济委员会重点研究项目"矽肺（硅肺的旧称）诊断系统"落地研究室，研制经费为18万元。在20世纪80年代，18万元是一笔不菲的资金。该项目主要研究对肺部X光片进行计算机图像处理和识别，以诊断出患者的矽肺病等级。

经过三年的研究，该项目荣获1989年机械电子工业部科学技术进步奖二等奖。

研究室还在20世纪80年代成功完成了我国首个从新疆到北京的新华社新闻图文图像压缩传输系统。

在此后的几十年时间里，西电图像所从最开始的几名教师逐步发展壮大，形成一支有20多名教师以及近百名硕士、博士研究生的专业研究团队，成为我国图像信息处理与芯片技术领域的重要科研平台。

1980年，吴成柯参编国防工业出版社出版的《通信原理》教材，1987年这部教材荣获电子工业部优秀教材特等奖。1990年，吴成柯等编写的《图象通信》教材出版发行，六年后，这部教材获1996年电子工业部全国工科电子类专业优秀教材一等奖。

1986年，吴成柯获评副教授。1991年，西电新一届教授名单公示，他的名字出现在其中。1993年，在国务院学位委员会评定的最后一届博士生导师名单中，他的名字也位列其中。

从年轻教员到博士生导师，三十年弹指一挥间，吴成柯的背后折射出西电浓厚的学术氛围和一代学人不断追求与登攀的精神。

## 科研征途上奋进

吴成柯的科研工作始于1976年，他主持了我国2400 b/s四相调制数传机的研制工作。研制工作历时两年多，研制成功的数传机由天津无线电五厂批量生产。

1978年10月，四机部全国数传机系列化设计会议测试小组（组长为诸鸿文）组织对设备进行测试，测试后的结论为：该机是我国第一部符合国际电报电话咨询委员会（CCITT）数据传输协议并达到性能要求的数传机。数传机中的四相调制采用了吴成柯提出的数字调制与解调方法。该数传机应用于20世纪80年代全国防空预警网的传输系统，并于1991年获得国家科学技术进步奖一等奖。

2017年5月7日，电科集团20所项目技术负责人刘烈武研究员向通信工程学院采访人员吕子瑜介绍说，西电研制的数传机是防空预警网传输系统中地面传输的重要设备。该数传机还应用于多个省市地震局的数据传输系统。

1991年，吴成柯研制出运动目标仿真系统，这项成果为他带来了国防科工委"863计划先进工作者"的荣誉称号。1992年，他被评为机械电子工业部1991年度有突出贡献专家，1992年获得国务院政府特殊津贴。

据统计，从1989年开始，吴成柯负责及完成的科研项目中，有10项成果获省部级一等奖和二等奖。由他负责完成的"深空通信压缩与传输技术及应用"成果获2012年国家科学技术进步奖二等奖。

他从2004年开始负责承担并完成了我国探月工程和载人航天工程中的一系列图像压缩技术项目，研究成果不仅应用于"嫦娥"（从嫦娥一号到嫦娥五号）、"天宫"、"天绘"和"高分"卫星及一系列遥感卫星中，还应用于2020年我国首次发射的"天问"火星探测器中。

## 耕耘卫星图像压缩技术

吴成柯教授多年的科研成果中，图像压缩技术及其软硬件系统是最重要、应用最多的成果。

图像压缩是图像信息处理领域很重要的研究方向。20世纪90年代初，美国国防部高级研究计划局（DARPA）公布了新的十大技术预研领域，图像压缩技术位列其中。

1995年，我国的"九五"计划（1996—2000年）开始实施。当时，我国的卫星图像压缩技术还比较落后，与国际先进水平差距较大，因此急需提高图像压缩技术水平。

从1995年起，吴成柯和他负责的图像所研究生承担了国防电子预研基金资助的高效压缩技术研究项目，他们设计并研制了一个新的图像压缩硬件系统。他们在"九五"和"十五"期间的研究结果都获得了"优秀"的评价。

1998年，航天部504所负责卫星图像压缩的陈泓和张有峰来图像所实验室观看了该系统的演示后，当即表示："你们现在做的压缩系统就很好！"他们认为该系统不仅创新性强，性能好，也很可靠。504所是我国研究卫星图像传输的知名研究所，他们的肯定对吴成柯团队在此领域的研制工作起到了重要的推动作用。

2000年，图像所和504所合作研制了我国第一个高效的8倍压缩比卫星图像压缩系统，此系统在我国的卫星中获得广泛应用。2011年，航天领域著名专家叶培建院士称赞道："目前在轨运行的21颗卫星的图像压缩系统有95%采用了西电和504所的研究成果。"

我国的探月工程正式开始于2004年。这一年，图像所也正式签约承担嫦娥一号图像压缩系统的研制工作。

嫦娥一号卫星于2007年10月24日发射，其应用的图像所研制的干涉多光谱图像压缩系统正常工作。"光谱图像压缩及其在嫦娥一号中的应用"这一项目成果，获得了2009年陕西省科学技术奖二等奖。

2008年，地面应用系统总设计师李春来研究员来图像所调研，他用带来的各类图像数据对图像所研制的图像压缩方法进行现场评测。他说："我们比较了国内好几家在该领域做得较好的单位，你们是最好的。"因此，嫦娥二号的图像压缩任务又落到了图像所。与嫦娥一号相比，嫦娥二号的任务是要获得10米分辨率的全月图以及局部月面虹湾区域1.5米分辨率的高分辨率图像。

2010年10月1日，嫦娥二号成功升空。之后，经过一系列紧张有序的准备工作，吴成柯和李云松于10月23日晚上10点多抵达国家天文台地面应用系统运控中心现场，等待着第一幅月球图像的出现。当连续的月面图像清晰地出现在大屏幕上时，整个运控中心顿时沸腾了。

探月工程首席科学家欧阳自远院士在现场称赞道："西安电子科技大学做的图像压缩系统质量非常好！"接着，他和总设计师吴伟仁、副总指挥阴和俊、副总设计师孙辉先等领导邀请西电的研制人员一起在现场合影并分享成功的喜悦。那天晚上，吴成柯和李云松在天文台招待所激动得彻夜难眠。窗外是蒙蒙细雨的滴答声，室内两人不停地交谈着……

鉴于深空通信中图像压缩技术在嫦娥二号获取优于10米分辨率全月图中所作出的贡献，以及其在航天领域的应用，"深空通信压缩与传输技术及应用"成果获得了2012年度国家科学技术进步奖二等奖。

嫦娥三号卫星于2013年12月2日发射，12月14日在月面的虹湾区域着陆，完成了巡视器（月球车）和着陆器两器互拍这项工程的标志性任务。我国探月工程副总设计师孙辉先对西电创新性的静止和活动图像一体化压缩系统评价道："发挥了重要作用，作出了重要贡献。"

## 航天级图像压缩芯片研制

我国卫星上图像压缩系统采用的航天级FPGA芯片一直受到国外禁运和"卡脖子"的严重威胁。与商业级和工业级芯片不同，航天级芯片要求具有抗辐照性能。2001年，吴成柯和研究生一起被"逼"得开始研究图像压缩的专用集成电路芯片（ASIC）。

2003年，国家"863计划"的微电子专家组批准了西电图像所的图像压缩芯片研究项目。项目由李云松负责，当时为博士研究生的刘凯是项目的主要成员，吴成柯为总体技术指导。

此后，他们在该芯片的设计和研发上不断迈进。经过近10年的艰苦奋斗，2010年完成了总装压缩芯片新品的研制任务，成功生产出我国第一颗基于JPEG2000的图像压缩ASIC芯片——雅芯一号。

在雅芯一号研制成功的基础上，2011年6月，图像所承担我国"高分"需求的"高速图像压缩芯片技术"重大专项研制任务。2015年，图像所成功研制出满足航天要求的芯片，并通过了国家重大专项项目专家组的验收。该芯片被命名为"雅芯-天图"，应用于我国高精度遥感卫星图像传输系统中。

从2000年到2015年，经过15年的漫长岁月，我国自主研制的图像压缩芯片产品终于批量应用在我国的高分辨率遥感卫星中。2018年7月31日，雅芯-天图芯片随我国高分十一号卫星发射升空，传回了亚米级的高清晰度遥感图像。该芯片性能超过目前国外同类芯片，终结了几十年来我国一直购买和使用国外芯片的历史。雅芯-天图航天级压缩芯片成果获2020年教育部技术发明奖一等奖。

2019年，新中国走过了70个春秋。81岁的吴成柯教授被中共中央、国务院、中央军委授予"庆祝中华人民共和国成立70周年"纪念章。

"追求卓越，勇于创新"。梧桐不语，在西电校园的林荫道上，伴随着枝叶茂盛的法桐在风中摇曳的沙沙声，吴成柯教授的学生和学生的学生们称赞着吴老师的言行与精神……

【撰稿：关宏才（西安电子科技大学档案馆/校史馆/博物馆特约作者）】

## 吴成柯出版教材一览表

| 序号 | 出版教材名称 | 出版时间 |
|---|---|---|
| 1 | 《通信原理》 | 1980年 |
| 2 | 《通信原理（第2版）》 | 1984年 |
| 3 | 《通信原理（第3版）》 | 1988年 |
| 4 | 《图象通信》 | 1990年 |
| 5 | 《通信原理（第4版）》 | 1995年 |
| 6 | 《通信原理（第5版）》 | 2001年 |
| 7 | 《通信原理》 | 2012年 |
| 8 | 《通信原理（第2版）》 | 2016年 |

注：1980年至2001年的《通信原理》，为樊昌信、詹道庸、徐炳祥、吴成柯共同编写，由国防工业出版社出版；2012年至2016年的《通信原理》，为吴成柯、张甫翊、徐炳祥共同编写，由清华大学出版社出版。

◀位于东山坡的中国
人民解放军通信学院
全景

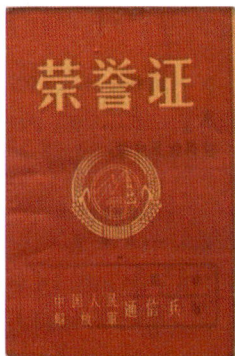

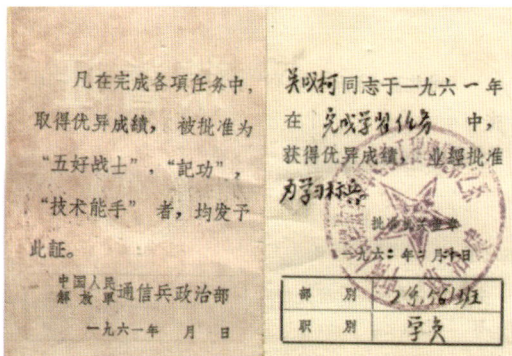

◀大学期间，吴成柯
所获荣誉

▶ 1962 年，吴成柯荣
获"五好学员"称号

▶ 吴成柯荣获 1965
年度"先进工作者"
称号

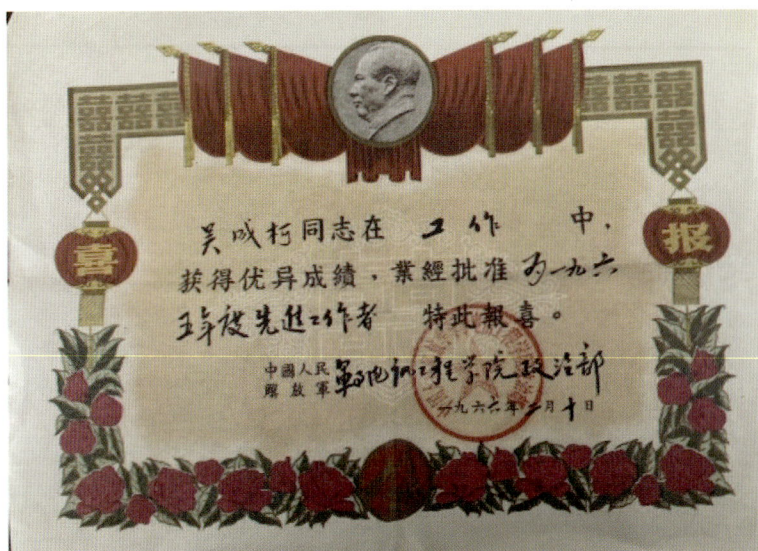

◀ 1981 年，吴成柯在宾夕法尼亚大学工学院楼前留影

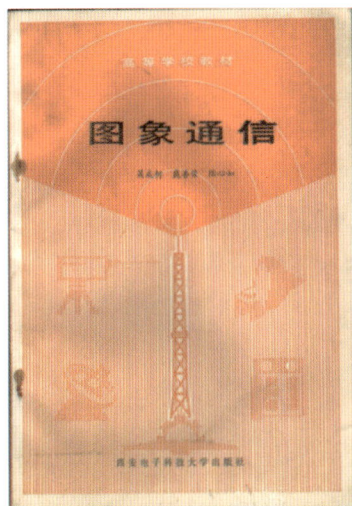

◀ 吴成柯等主编的《图象通信》教材

▶ 1986 年，学院科学研究计划

▶吴成柯主持的"矽肺诊断系统"项目获 1989 年机械电子工业部科学技术进步奖二等奖

◀吴成柯

◀ 1992 年，吴成柯被评为机械电子工业部 1991 年度有突出贡献专家

◀ 1992 年，吴成柯获国务院政府特殊津贴

►"光谱图像压缩及其在嫦娥一号中的应用"项目成果获得2009年陕西省科学技术奖二等奖

►"深空通信压缩与传输技术及应用"项目成果获得2012年国家科学技术进步奖二等奖

►庆祝嫦娥二号发射成功现场（右四为吴成柯）

◀ 2013 年，"深 空通信压缩与传输技术及应用"项目团队在人民大会堂参加国家科学技术奖励大会

▼雅芯－天图芯片

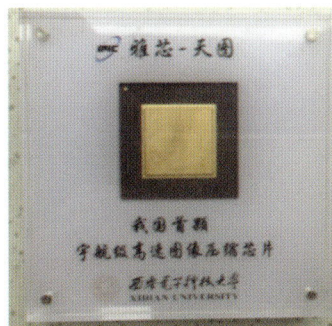

▶吴成柯获中国航空航天工业部科学技术进步奖二等奖

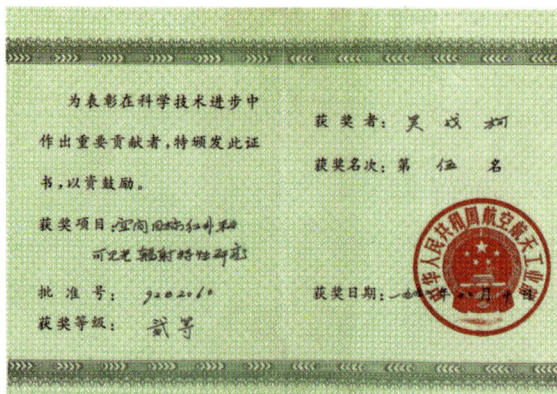

▶吴成柯获中国船舶工业总公司科技进步二等奖

▶吴成柯获教育部科学技术进步奖一等奖

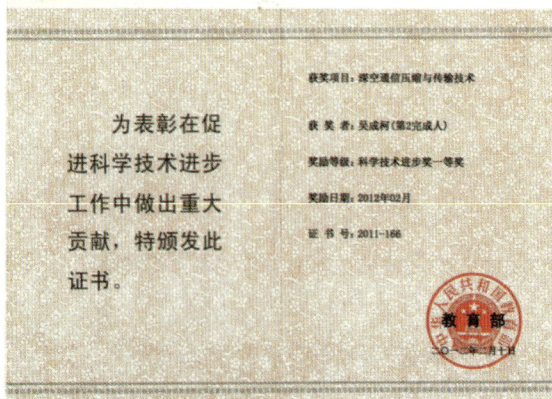

▶2001 年，吴成柯
获国防科学技术奖二
等奖

▶吴成柯获陕西省科
学技术奖二等奖

▶吴成柯获高等学校
科学研究优秀成果奖
一等奖

▶ 2010 年，吴成柯
获国防科学技术进步
奖二等奖

▶ 2019 年，吴成柯
被授予"庆祝中华人
民共和国成立 70 周
年"纪念章

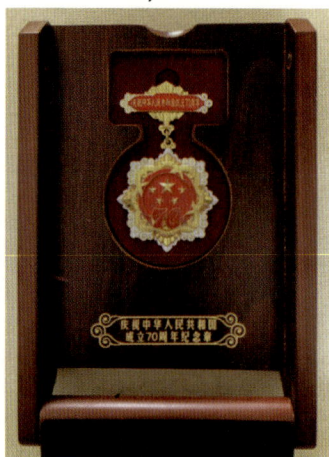

◀ 2019 年，吴成柯
与学生们在图像传输
与处理研究所实验室
合影

◀ 采访吴成柯（左
起：吴成柯、关宏才）

江小安

与数电模电教材

谈及教材建设的重要性，江小安教授感触良多，他说："『没有好的教材，学生就没有学习的依据。教材精彩可读，学生也愿意去学习这门课程。如果教材看不懂或者杂乱无章，没有一条主线贯穿始终，对学生的学习非常不利。』

江小安，男，1939年1月出生于重庆。1960年毕业于成都电讯工程学院（今电子科技大学）半导体器件专业，毕业后服从分配调任至中国人民解放军军事电信工程学院（今西安电子科技大学）任教；1980年晋升为讲师；1997年8月被评为教授。曾任技术物理系电子线路教研室副主任、主任等职务。1979年到1983年间，连续多年被评为"院先进工作者"；1982年被评为"院先进工作者标兵"；1982年被电子工业部授予"部先进教育工作者"荣誉称号；1997年被评为"优秀教师"。

江小安教授一直从事电子技术相关课程的教学工作，是电子工程学科带头人，在该学科领域造诣深厚，特别在"数字电子技术"和"模拟电子技术"的教学和研究中取得了显著成就。

在西安电子科技大学这样一所以电子信息学科为主的高等院校，几乎所有专业的学生都要学习"数字电子技术"（简称"数电"）、"模拟电子技术"（简称"模电"）这两门基础课程。因为"模电"较为抽象，需要一定的想象力和理解力，学习起来有不小的难度，所以学生们又把它戏称为"魔电"。

因此，一本通俗易懂的教材、一位能带领学生轻松入门的老师就显得尤为重要。

江小安教授在西电执教40年，将毕生精力投入到了"数电"和"模电"两门课程的教学和教材编写中，被学生亲切地称为"数电爷爷""模电爷爷"。

他主持编写的《数字电子技术》《模拟电子技术》两本教材，2006年入选普通高等教育"十一五"国家级规划教材，其中《数字电子技术》至今发行30多万册，《模拟电子技术》至今发行近30万册。两本教材都因清晰通俗的内容，深受校内外广大师生和读者欢迎。

## 一纸调令 一生值守

1939年，江小安出生于重庆。他的父亲在重庆大学任教。出身于高级知识分子家庭的他，比同龄人有着更广阔的视野和崇高的志向。

1951年至1956年，江小安就读于重庆市复旦中学。这所由复旦校友会筹办创建的地方中学，在战时成为内迁的复旦大学附属学校，"博学笃志"的校训在年幼学子的心中播下了志存高远的种子。

当时正值中华人民共和国成立初期，江小安关注国家建设对地质资源的迫切需求，早早树立了到地质学院学习相关专业、为国家发现矿藏的志向。

然而，1956年江小安高中毕业时，因成绩优秀，被学校推荐到刚刚成立的成都电讯工程学院进行特殊专业的学习。怀着一腔报国热情，江小安欣然接受。1956年至1960年，江小安在成都电讯工程学院攻读半导体专业。

1960年夏，正埋头在实验室进行合成砷化镓半导体实验的江小安又一次接受了使命的召唤，应通信兵部命令，他与学校其他20余位毕业生一起来到当时的中国人民解放军军事电信工程学院，成为三系的一名教师。

江小安教授在采访时坦言，做一名教师，仿佛是命运赋予的一场考验，因为他有口吃的缺陷。成为一名人民教师，站在讲台上面对莘莘学子淡定地授课，对他来说是极大的挑战。

1960年正值国家困难时期，服从调令来校报到的江小安在这所部队院校享受到了难得的生活保障，三餐皆有定量，江小安感受到了党和国家对知识分子的极大尊重。军校师生之间和谐友爱的氛围也感染着他，他下定决心要勤学苦练，克服口吃的缺陷，给学员把课讲好。

在担任助理教师时，在上课、辅导学员做实验之余，他总是积极备课，甚至将每节课的内容逐字逐句写下来，再反复背诵练习，直到可以流利地讲出来。经过一年多的练习，当江小安正式站到讲台上时，没有学员发现这名年轻教师曾经的小缺陷。

能够流利地授课给了江小安极大的自信，从此，他对授课充满了热情，坚信自己可以当好一名老师。这一当便是40年。

1980年至1986年，江小安以讲师身份先后承担了"模电""数电"等多门课程的教学任务与毕业设计指导工作，年平均教学工作量都在1000课时以上。

他讲课熟练，概念阐述清楚，具有系统性、条理性，并能跟随学科发展不断补充新内容；他注重教书育人和对学生能力的培养，多年来在各教学班授课效果良好，受到学生广泛好评。

1979年至1991年，江小安在技术物理系电子线路教研室担任副主任、主任等职务。在时任主任周开蒋病重期间，他更是担负起全室的教学组织工作和行政工作，有组织地进行了放大、脉冲与数字电路以及实验等课程的听课试讲活动，帮助教师交流经验，找出差距，研究更好的教学方法，孜孜以求，提高教学质量。

在教学中，他与辅导教师密切配合，耐心细致地指导辅导教师试讲作业课，还参与实验准备和辅导工作，关心年轻教师成长，大胆让新教师讲授部分章节，为他们提供锻炼机会。

此外，他还兼任系工会副主席，协助工会主席开展各项文体活动，组织工会干部学习。

在日常工作中，遇到困难或问题时，他总是冲锋在前，对待同志团结友爱，是同事眼中的热心人、贴心人。

## 水到渠成　厚积薄发

1979年至1986年，江小安总结教学经验，陆续发表了《激光测距仪中接收放大器的分析》《激光脉冲测距仪±1误差的分析和减小措施》《我对改革数字逻辑设计课的看法和做法》等学术论文，并编写了长达35万字的《数字逻辑电路》讲义，供校内师生使用。作为审阅人之一，他还参与了《数字逻辑设计基础》的编写，为独立撰写教材打下了坚实基础。

重庆大学原校长江泽佳教授曾对《数字逻辑电路》给予较高的评价和肯定。他写道："《数字逻辑电路》是一本为初学数字电路的读者写的入门讲义，叙述由浅入深，全书立论严谨，文字流畅，数学推导详尽，便于自学。从内容的编排和取舍中，可以看出作者不但对课程内容有较好的掌握，在教学方法上也具有丰富的经验。"

20世纪90年代，在承担教学工作之余，江小安还负责了陕西省自学考试教学点"模电"和"数电"两门课程的授课工作。

在给自考生授课时，他感到自考生们亟需一套通俗简练的教材。于是，他决心要写出一套层次分明、线索清晰又通俗易懂的教材。

无数个寂静的深夜，在处理完工作任务和家庭琐事后，江小安脑海中反复锤炼过的教学内容从笔尖倾泻而出……利用业余时间，经过一年多的编写，他终于完成了《模拟电子技术》和《数字电子技术》两本教材的编著。

这两本教材除了引用的部分描述、例证等采用了"剪贴工艺"，其他均为江小安手写完成。

回忆起编写过程，江小安表示，他编写教材的思路主要是抓住课程的核心内容。他说："比如模拟电子技术，它的核心是信号的不失真放大。既然要讲信号的不失真放大，首先要讲用来放大的器件是什么，所以第一章就要讲晶体管原理、放大器工作原理，讲如何把小信号变成大信号。原理讲完以后，要讲放大器的组成、工作点的选择，以及为实现不失真放大靠什么来保证器件的工作状态。放大器组成后，它的性能指标有哪些，它的放大倍数是多少，如何求输入电阻、输出电阻。然后再讲频率失真特性。讲完构成还要讲电源。书稿的目录结构也就这样形成了。"

在编写中，他参考了童诗白、孙肖子等教授的相关著作，又保持了自己浅显易懂的讲述风格。

这两本教材在创作过程中就受到多方关注，成稿后更是收到了电子工业出版社、高等教育出版社、西北大学出版社等多家优秀出版社抛来的橄榄枝。

江小安朴素地认为自己是西电人，自己编写的教材理所应当由西安电子科技大学出版社出版。最终，他选择了西安电子科技大学出版社。

1993年，两本教材一经出版，就受到了广大师生和读者的欢迎。当时西电一系、二系使用过其他版本教材的学生，在看过江小安老师编写的教材后，都爱不释手，普遍认为这两本教材讲述清晰、通俗易懂。

同一教研室的孙肖子教授也编写过类似教材，她对这两本教材的评价是："非常精练！"

后来，江小安又带领付少锋、董秀峰、周慧鑫、宋娟、杨有瑾等年轻教师对教材进行了多次修订，不断更新知识点和例题，并编辑出版了相关学习指导书与题解，以及《数字电路》等教材。

至今，这两本教材的印量已高达60多万册，启蒙了一代又一代电子信息专业的学子。

2006年，《模拟电子技术》和《数字电子技术》在众多参选教材中脱颖而出，入选教育部"十一五"国家级规划教材。

同期入选的教材很多来自北京航空航天大学、清华大学、北京交通大学、哈尔滨工业大学等国内知名理工科高校。江小安教授主编的教材的入选，再一次彰显了西安电子科技大学的实力和影响力。

## 四十余载　笔耕不辍

在这两本教材后续的修订再版过程中，编写者根据时代变化，补充了不少新的知识点和例证。在修订过程中，江小安教授给予了年轻教师很多指导和极大的自由度。例如，青年教师思路新，为新版教材补充了电子板等新的知识点，并在形式上增加了章节后的二维码，可让读者扫描观看一些实验视频。他认为非常好，鼓励青年教师按他们的想法去做。

再例如，在新版教材的编写中，江小安只要求保持教材原有的体系不变，保持思路的连续性，内容方面则充分尊重年轻人的想法。在编写新版《数字电子技术》时，关于内部电路这部分内容是删除还是保留的问题，江小安在充分考虑读者和年轻教师的意见后，最终给予了保留。

为了帮助新教师成长，江小安教授还逐渐让出了主编身份，甚至要求出版社将稿酬全部付给年轻人。

"这两本教材想要延续下去，必须把接力棒交给年轻人。"江小安教授的话掷地有声。

计算机学院教师宋娟说："给江老师做助教的那段日子对我的帮助很大，不管是上课还是一起编写教材，江老师的言传身教都帮助我迅速成长为一名合格的教师。"

机电工程学院杨振江教授多年来也承担"模电"课程的教学任务，他与江小安教授有非常深入的交流。他眼中的江小安教授做事非常认真，即便退休后还一直关心、承担模拟电子技术的教学工作，多次参与学校组织的模拟电子技术教学研讨会，指导年轻教师如何讲好这门基础课。

杨振江教授参与了《模拟电子技术》第4版的编写工作。他评价说："江小安教授主编的这套教材延续了一贯简明浅显的风格，由小及大、由部件到整体的编写逻辑在实际课堂教学中效果较好，学生容易接受。这套教材尤其注重模拟电子技术的现实运用，能结合实例帮助学生更好地理解理论内容。"

江小安教授40余载笔耕不辍，将很大一部分精力投入到教材编写中，除了经典教材《模拟电子技术》《数字电子技术》，1999年他主编的《计算机电子电路技术——电路与模拟电子部分》和《计算机电子电路技术——数字电子部分》，入选教育部"九五"国家级规划教材。

谈及教材建设的重要性，江小安教授感触良多，他说："没有好的教材，学生就没有学习的依据。教材精彩可读，学生也愿意去学习这门课程。教材如果看不懂或者杂乱无章，没有一条主线贯穿始终，对学生的学习非常不利。"

一所高校对教学的重视程度，可以从教材编写的数量与质量上得到体现。一本好的教材，可以带动一个专业的建设。如果学校上课所用的教材都是别的学校编写的，说明学校的实力还有欠缺，未能形成自己的教学积累。学校编写的教材被采用得越多，获奖教材越多，说明学校的专业在国内水平越高。有了有影响力的教材，才能在相应领域拥有话语权。

他说，樊昌信教授编写的《通信原理》系列教材和保铮院士编写的《脉冲电路》教材，被全国很多学校采用，也证明了西电在这些专业具有的实力、地位和话语权。

## 三尺讲台 一腔赤诚

江小安教授几乎把毕生精力都奉献给了自己热爱的教学和教材编写事业。在西电工作的40年，他不求得失，不计较职称待遇，用三尺讲台上的默默耕耘赢得了师生们的爱戴。

在评讲师时，因为个人原因，江小安一直没有获得参评资格，多年以助教身份在课堂上讲课，由其他讲师来做辅助。

在评高级职称时，江小安又因参与科研项目、发表论文较少没有被提名。此时正值计算机学院成立自考班，江小安来到计算机系，一心扑在了自考班的建设上，突出的工作表现受到了系里的肯定。

当时，学校分管教学的副校长为包括江小安在内的7名一线教师争取到了高级职称申报名额，考核通过听课的方式进行。最终，江小安用优秀的授课表现获得了评委的一致肯定，顺利获评教授。

回忆起这些曲折，江小安认为都不值一提。"我的心态好，做好该做的事情，其他顺其自然。"他淡然地说，早年在军校时期，学校最重视的就是教学，科研放在其次。当时来校的年轻教员也都受此观念的影响，将大部分精力投入到教学中。上好课，写好教材，对于那时候的教员来说是最重要的事情。

被问及教学中印象深刻的事，江小安对军校时期的校园生活念念不忘。

军校时学校作风朴素，讲求教员和学员"同吃、同住、同劳动"，没有师生身份的隔阂。那时候刚参加工作的江小安，年龄与学员基本相当，也有比他还要年长的学员，他和同学们总是打成一片。

那时，军校有拉练、紧急集合等训练项目，他和学员们曾一起打背包徒步到延安。由于路途遥远，有的教员脚上都走出了水泡，但大家互相搀扶着不让一个人掉队。一路下来，他们既锻炼了毅力，也培养了互助精神。

农忙时节，学校会组织师生一起帮农民割麦子。20世纪60年代，人们的业余生活简单，江小安喜欢唱歌，学生举办文艺活动必然邀请他参加。单身的年轻教员也都住在一起，大家生活上互帮互助，工作中相互切磋，关系非常融洽。以江小安为代表的那一代教师后来一直延续着这样的作风，与学生关系十分密切。

学生遇到小烦恼，多喜欢跟他讲。许多学生毕业多年远渡重洋，仍跟江小安保持着联系。校友返校，只要是江小安教过的班级，都会邀请他参加聚会。回忆起校园时光，同学们也都对江小安老师的课印象最深，其言传身教皆历历在目。

## 声声入耳　教艺精湛

江小安授课时声音洪亮，即便是最后一排也可以听清，因此课堂上学生们的注意力都很集中。因为良好的授课效果，在教研室听课互评中，他的课经常被评为示范课，得到听课教师的一致好评。

技术物理系教师孙青教授在听过江小安的授课后，评价道："江老师上课思路清晰，声音抑扬顿挫。听他上课真是一种享受！"

谈及授课技巧，江小安有深刻的认识。他说："教师要有自己的语言，上课就是用教师自己的声音讲述教师的语言，再结合肢体语言，两者一起才能更好地吸引学生集中精力听课。"

此外，江小安认为上课要注意问题的引入，讲完一个问题之后，要很自然地引入下一个问题，让这门课的不同问题之间有一条线贯穿，这样讲起来容易，学生也听得清楚，思路不中断。"现在好多青年教师这方面还需要加强。"江小安说。

提到对青年教师的寄语，江小安希望青年教师能处理好课堂授课与电子课件（PPT）的关系。课件是为课堂教学服务的，但课堂教学主要还是靠老师来讲述。他希望青年教师尝试离开PPT去讲课，认真备课。只有这样，才能在课程中从头到尾融入自己的思路，即使在没有PPT的情况下，也能自如地授课。

江小安用自己几十年的教学体会告诉我们，借助板书授课，学生普遍反映能更好地跟上老师的思路，可以看到完整的推导过程，而不会像看PPT那样，内容切换过于突然。

提到新一代大学生，江教授慈爱地说："希望同学们上课时不要光在笔记本电脑上敲敲打打，应该认真听课、记笔记，最简单的方法往往效果最好。"

60余年弹指一挥间。从志存高远的少年，到精神矍铄的白发老人，江小安服从国家召唤，一生只求做好一件事的拳拳之心不曾改变。数十年来，他不忘初心，埋头耕耘在三尺讲台之上，将讲好每一堂课作为自己毕生的追求。

从江小安身上，我们能深深感受到一名倾心教学数十载、一心一意为学生的教师是何等可亲可爱。正是因为有江小安这样质朴的教师为西电的教学质量护航，西电才能不断续写人才培养的"西电现象"！

【撰稿：高一弘（西安电子科技大学图书馆）】

## 江小安出版教材一览表

| 序号 | 出版教材名称 | 出版时间 |
|:---:|:---:|:---:|
| 1 | 《模拟电子技术》 | 1993年 |
| 2 | 《数字电子技术》 | 1993年 |
| 3 | 《模拟电子技术（第二版）》 | 1998年 |
| 4 | 《计算机电子电路技术——电路与模拟电子部分》 | 1999年 |
| 5 | 《计算机电子电路技术——数字电子部分》 | 1999年 |
| 6 | 《<模拟电子技术>学习指导与题解》 | 2002年 |
| 7 | 《数字电子技术（第二版）》 | 2002年 |
| 8 | 《数字电路》 | 2002年 |
| 9 | 《线性电子电路》 | 2002年 |
| 10 | 《模拟电子技术（第三版）》 | 2003年 |
| 11 | 《<数字电子技术>学习指导与题解》 | 2003年 |
| 12 | 《<模拟电子技术>学习指导》 | 2007年 |
| 13 | 《数字电子技术（第三版）》 | 2008年 |
| 14 | 《数字电子技术（第四版）》 | 2015年 |
| 15 | 《数字逻辑简明教程》 | 2015年 |
| 16 | 《模拟电子技术（第四版）》 | 2016年 |
| 17 | 《<模拟电子技术>学习指导与题解》（修订版） | 2018年 |
| 18 | 《<数字电子技术（第四版）>学习指导与题解》 | 2018年 |
| 19 | 《模拟电子技术（第五版）》 | 2021年 |
| 20 | 《数字电子技术（第五版）》 | 2024年 |

▶江小安正在授课

▶青年时期的江小安

▶江小安正在批改作
业、试卷

◀西军电时期，学员们迈着整齐的步伐经过主楼

◀1982年，江小安获1981年度"院先进工作者、先进生产者标兵"称号

▶ 1988 年，江小安
任组织工作委员会副
主任

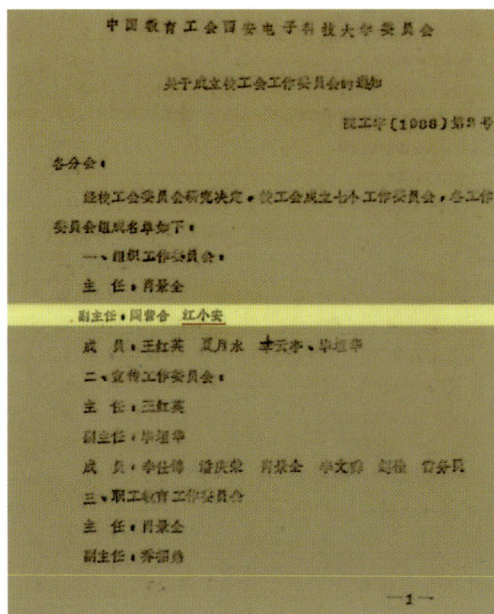

▶江小安正在授课

◀江小安正在备课

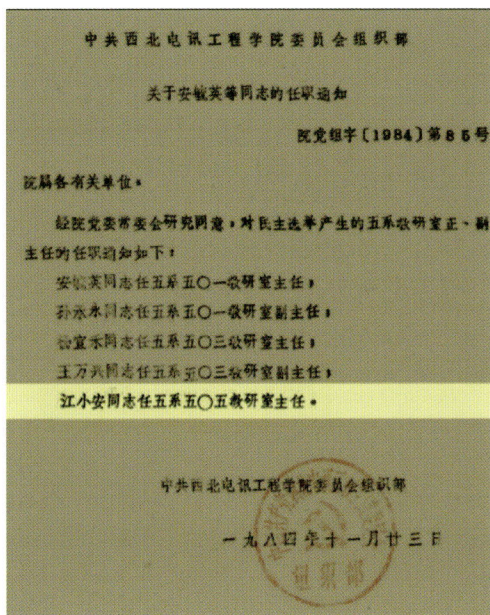

◀ 1984 年，江小安
任职五系 505 教研室
主任

►《计算机电子电路技术——电路与模拟电子部分》

► 1982 年，电子工业部发布的"关于授予'先进教育工作者'和'职工教育先进集体'称号的决定"文件

▲ 1982 年，江小安被电子工业部评为"部先进教育工作者"

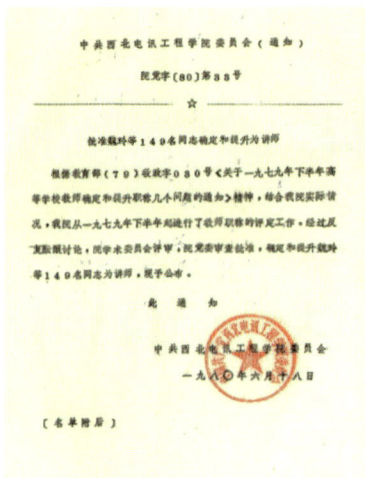

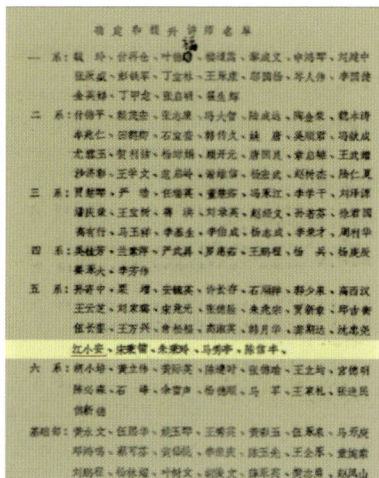

▲ 1980 年，江小安被确定和提升为讲师

▶ 1983 年，江小安被授予"学院工会积极分子"称号

▶ 1997 年，江小安获评教授

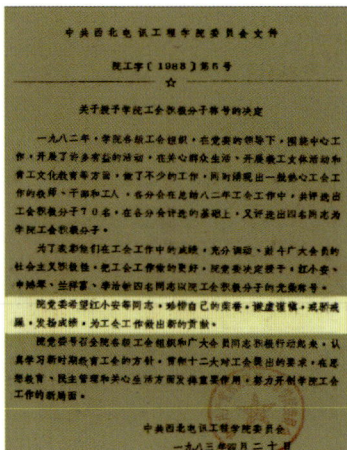

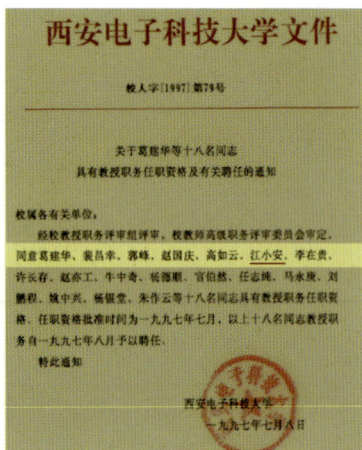

▶ 1997 年，江小安被评为"成人教育学院 1997 年度优秀教师"

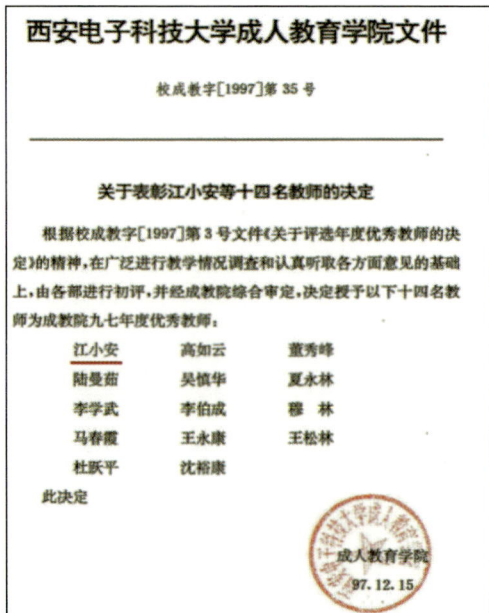

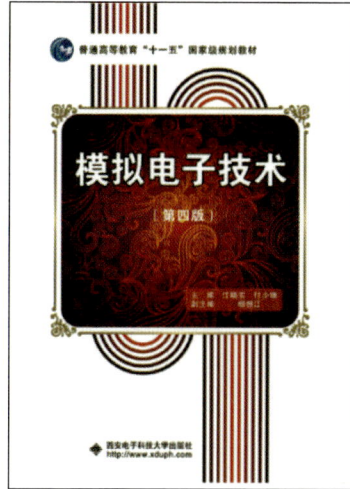

◀江小安主持编写的
《数字电子技术》《模
拟电子技术》

◀江小安和采访小
组合影（左起：杨舒
丹、江小安、高一弘、
强薇）

孙肖子

与模电系列教材

我深爱教育这片热土。所以，不管年纪多大，我都会坚守作为一名教师的永恒初心，不断学习，不断探索，始终保持严谨的态度，耕耘不止！

　　孙肖子，女，1939年12月出生于浙江省永嘉县。1960年7月毕业于中国人民解放军军事电信工程学院（今西安电子科技大学）并留校任教，1993年3月被评为教授。曾担任教育部教指委委员，西电国家电工电子教学基地主任，国家级电工电子教学团队负责人。2006年获评"国家级教学名师"，2016年获美国德州仪器公司中国大学计划20年终身成就奖。2019年获"西电最美教师"称号。

　　孙肖子教授多年来致力于教材建设和教学改革。在教学方法上，她采用启发式、讨论式的授课方式，激发学生的学习兴趣，提高学生自主学习的积极性，注重培养学生的综合设计能力。在科学研究过程中，她重视理论联系实际，及时将科研成果转化为教学资源，充实到授课与教材中，受到了广大学生的欢迎。孙肖子教授长期致力于电子信息技术的研究与教学，为我国电子信息领域的发展作出了卓越贡献，培养了一大批优秀的电子信息人才。

从21岁留校任教，到80多岁初心不改，孙肖子教授将一生都奉献给了热爱的三尺讲台，并将毕生教学经验融入一本本教材和教学参考书中。

40多年里，孙肖子教授先后编著教材和教学参考书19部，分别在高等教育出版社、西安电子科技大学出版社、科学出版社、国防工业出版社及电子工业出版社出版发行，其中5部入选国家级规划教材，5部获省部级优秀教材奖。

## 第一部教材的编写

孙肖子教授年事已高，满头银发，但思维敏捷，说话时，声音洪亮且脸上洋溢着笑意。那种精神矍铄的状态一点不输年轻人，彰显着一种特有的自信、干练与从容。

谈及教材编写，孙肖子教授有着深刻的认识。"教材是知识的载体，是最重要的教学资源，是学生自主学习的主要依据。"孙教授说，"因为教材相当于把教学大纲和培养方案具体化了，学生拿到的是教材，而不是教学大纲里那些很原则性的东西。所以，我觉得教材很重要。编写教材是教师的重要工作之一。"

孙教授认为，编写教材并非易事，需要全身心投入。教材编写的过程，既是博览群书、博采众长的学习过程，是知识梳理、凝练和提升的过程，也是教学经验凝结、总结、应用的过程，同时也是科研成果融入、反哺教学的过程，更是灵感发现、创作、创新的过程。

孙教授说："教材编写要有一定的实践基础，我们曾去西安石油仪器厂学习和分析从法国引进的勘探地震仪的许多电路，也曾参与国产某飞机液压控制系统自动测试仪的压力、流量、温度等共84路信号调理器的研制工作，还学习了雷达视频系统电路，自主研发了100MHz数字存储示波器、多功能波形发生器、高精度频率计、多功能信号分析仪、多通道逻辑分析仪等系列虚拟仪器……这些工作为编写教材积累了大量实践资料，也为提高教材理论联系实际的水平打下了良好基础。"

孙教授深深体会到：作为教材的主编和策划者，要做好顶层设计，总体构架应体现内容的基础性与先进性、逻辑的严密性、知识的系统性；每个概念、公式、图表必须准确无误；主编要对全书的质量负责，责任重大，所以必须"严谨、严谨、再严谨"。

孙教授编写的第一部教材是1979年由国防工业出版社出版的《晶体管与晶体管放大电路》（上下册）。该教材的编写，与恢复高考这一历史背景紧密相关。

1977年冬，我国恢复了中断已久的全国统一高考。第一届高考生于1978年正式入学。但当这些知识青年怀揣梦想踏入大学校园时，全国各高校却连合适的教材都很少。彼时，西电也面临着同样的问题。

"在恢复高考前的那段时期，基本没人写教材。因此，在77级学生入校后，教学上急需新的教材。于是，我们教研室主任周琼鉴老师就让我与他一起编写教材。"孙教授说，"于是，就有了这部《晶体管与晶体管放大电路》（上下册）。"

那时，留校任教近20年的孙肖子，已由一个初入杏坛的年轻园丁，成长为一位教学经验丰富的教师。为了编写这部教材，她与周琼鉴老师不仅总结了以往的教学经验，还查阅了很多资料，并参考了当时能找到的一些日本著作和论文。

因为是第一次编写教材，经验不足，所以该教材出版前她修改了很多次。为此，她在北京住了较长一段时间，每天往返于国防工业出版社和招待所之间，进行教材修改和校对工作。历时一年多，这部教材才编写完成。

"这部教材到目前来说，我认为还是较先进的，内容也比较全面、深入。"孙教授说。20世纪七八十年代，这部教材被好多届学生广泛使用，在保证当时的教学质量方面发挥了重要作用。

## 与时俱进 编写"模电"教材

"模拟电子技术基础"（简称"模电"）课程是电子、电气、信息工程类专业的主干课程，是最重要的学科技术基础课之一。作为这门课的主讲教师，2001年，孙肖子与张企民老师合编出版了这门课的新教材《模拟电子技术基础》。

该教材在编写中经历了很多变革。"传统的'模电'教材，一开始就呈现太多的微观概念和分立元件电路细节，离实际应用较远，重点难以突出，学生经常反映有高不可攀的感觉，感到难学、困惑，甚至戏称'模电'为'魔电'。"孙教授说。

### 第二版"模电"教材的结构性改革

2008年修订时，孙教授提出一个改革方案：突出集成电路及其应用，将重点前移，难点分散，使难变易。她认为，先让学生掌握集成电路的外部特性及其应用，然后再带着问题探讨器件和集成电路内部原理，遵循先集成、后分立，先宏观、后微观，先外部、后内部的逻辑，使基础更扎实，内容更实用，视野更开阔，编排更合理。

此外，第二版"模电"教材还引入了"电流模"这一新概念和新内容，以及虚拟仿真实验等EDA技术知识点，使教材内容更加先进、充实。

实践证明，这种结构性改革符合学生的认知规律，富有启发性，激发了学生的兴趣和创新能动性。考虑到原本电子线路和电子技术两类教材没有本质上的区别，故将《模拟电子技术基础》第二版的书名改为《模拟电子电路及技术基础（第二版）》。

《模拟电子电路及技术基础（第二版）》入选"十一五"国家级规划教材，并于2011年荣获陕西省优秀教材一等奖。

### "互联网＋教育""新工科"背景下的第三版"模电"教材

随着信息化技术的发展，"互联网＋教育""新工科"概念的提出和实施，赋予教材新的思想与理念。2016年，孙肖子教授对"模电"教材进行了第三次修订，并于2017年正式出版。

第三版"模电"教材有三大特点：

一是配置了与教材配套的在线学习资源。学生只需扫描教材封面的二维码，即可登录西安电子科技大学出版社网站的"学习中心"，进行在线学习或下载全部学习资料。

二是以生为本，能力为核，突出实践与应用。编写团队从科研、生产和生活实践中凝练了十几个跨度大、既有功能模块又有系统级设计的小项目，充实到教材中，作为每章的大型作业和综合设计实验命题。此外，编写团队还专门设置了第13章——"模拟电路系统设计及实验案例"，进一步引导学生理论联系实际，进行研究型、创新型学习。许多老师反映："这是教材的创新之举，提高了学生综合设计水平和解决复杂工程问题的能力。"

三是将"新工科"理念贯彻于教材中，内容与时俱进，突出了先进性。新教材反映了现代电子信息科技新发展，进一步体现了基础与先进、经典与现代的融合，增加有源负载、CMOS集成电路、特殊用途集成运算放大器及其应用等新内容，介绍高速集成运算放大器、宽带集成运算放大器、集成仪表放大器、增益可控集成运算放大器的特点及应用，使教材更具有科学性、现代性、可读性和应用性。

学生反映道："这本书与工程运用接轨，在每一章最后，均附有相关电路运用的实例，参考这本书，我们就能进行实际的电路设计与制作。"还有毕业生说："在校学习的模电教材和课程，给我的职业生涯打下了坚实的基础！"

"孙老师主编的'模电'第三版，我用了一个学期后，感觉写得很好。"2018级学生陈佳煜说，"该教材有三个优点：一是条理清晰，章节编排有逻辑；二是内容全面，涵盖很多知识点；三是重点突出，不会淹没在零散的知识点中。"

第三版"模电"教材荣获2022年陕西省优秀教材一等奖。三个版本的"模电"教材自出版以来，已重印26次，印量达11万余册。

### 理论教材的辅助材料及实验教材的配套建设

为了配合理论教材，孙教授和教学组的年轻老师一起编写出版了相应的教、学指导书，指导老师怎样去教，学生怎样去学。指导书里有丰富的例题和解答，并配有全套的电子教案PPT，为新任课老师或其他高校老师更好地使用这套教材进行教学提供了参考，也为广大学生提供了更丰富的学习资源。

在建设理论教材的同时，孙教授还十分重视实验教材的编写。她与实验室老师共同编写的《现代电子线路和技术实验简明教程》由高等教育出版社于2004年出版发行。该实验教材入选"十五"国家级规划教材，并于2007年获陕西省优秀教材二等奖；第二版2009年入选"十一五"国家级规划教材。

理论教材和实验教材并举，纸质教材与网络资源互补，辅导材料与电子教案配套，形成了完整的教学资源体系，促进了教学质量的有效提升。

## 编写三部教学参考书

孙肖子教授主编的另一类书籍是教学参考书，这些教学参考书的编写背景与集成电路的迅速发展和广泛应用紧密相关。

### 适应专业发展，受托编写

当时，为了加强工程训练，培养学生的工程设计能力，全国各院校都在电子线路（模拟电路和数字电路）实验中增设了集成电路应用设计的大型实验与课程设计，在生产实习和毕业设计中也加强了相关的工程设计内容。

为了适应这种发展形势，院校教育急需一部具有实用性、先进性、典型性和引导性的集成电路应用设计手册，以推动集成电路的广泛应用，培养学生的集成电路应用设计能力。

为此，20世纪80年代中后期，原国家教育委员会电子线路课程指导小组作出一项决定：编写《实用电子电路手册》，包括"模拟电路分册"和"数字电路分册"。指导小组指定由西安的院校组建编写小组。因此，孙肖子担任了"模拟电路分册"的主编。

接过这一重托，孙肖子带领由西安5所高校的7位老师组成的编写小组，结合自身的教学积累、科研经历，深入调研、广泛查阅国内外企业的相关资料和公开发表的期刊文章，经过两年多的努力，于1991年成功完成了该手册的编写。

该手册不是简单的电路实例汇编，而是精选经过实践检验的优秀实用电路，以功能为主要线索，系统阐述了电路的工作原理、性能特点、应用方法和范围，同时介绍了电子器件和电子电路领域的最新成就。全书共21章，分"器件篇"和"应用篇"，近600页，约100万字。

"当时，我们查阅了很多新出的杂志，因为要收集很多实用电路。"孙教授至今还记得当年编写此书的艰辛，"由于这本书是由7位老师集体编写的，大家的写作风格不同，公式、表格、图形又特别多，最后统稿比较难。我们花了许多时间和精力去修改，查证每个公式、电路和图形，有的甚至要重写……"

书稿交到高等教育出版社后，要经过三审。作为主编，孙肖子曾两次奔赴北京，第一次与裴昌幸等老师同去，第二次单独去。为了修改和校对书稿，她在高等教育出版社地下室招待所住了近一个月之久。

这本凝聚了大量心血的教学参考书出版后，深受广大高校师生及科研工作者的认可和欢迎，也为推广集成电路应用、培养学生的综合设计和实践能力，提供了新的资源。

原国家教育委员会电子线路课程指导小组组长、东南大学谢嘉奎教授亲自为该书撰写了序言。

原国家教育委员会电子技术课程指导小组组长、清华大学自动化系童诗白教授在写给孙肖子的信中称赞："这本书非常实用，对大专、本科学生及教师和从事科研开发的工程技术人员都很有参考价值。"

1995年，《实用电子电路手册（模拟电路分册）》荣获国家教育委员会优秀教材二等奖。

除此之外，在教指委西北地区电子线路和电子技术课程研究会的主导下，2006年，孙肖子教授与西安电子科技大学、西安交通大学等高校的多位教授合作编写了一本教学参考书：《电子设计指南》。该书内容涉及模电、数电、高频、微处理器等多个领域，对广大学生参加各种电子设计大赛、进行毕业设计，以及日常学习均有重要指导作用。该书于2006年入选

"十五"国家级规划教材。

### 与企业协同合作

2009年，孙肖子教授受世界著名半导体企业——美国德州仪器公司（TI）委托，编写了《模拟及数模混合器件的原理及应用》（上下册）。该书由科学出版社出版发行，内容包括各种集成放大器、模拟开关、A/D、D/A，以及电源芯片、射频芯片、接口芯片等的原理、性能与应用。芯片型号由TI公司工程师帮助推荐。

TI公司科学家、高性能模拟产品首席技术官为本书撰写序言。该书介绍了当时应用极广、最典型、最先进的集成电路，成为教师、科研技术人员、本科生、研究生的重要参考资料。

西电国家级电工电子教学基地及实验示范中心与TI公司共建有"西电–TI DSP"和"西电–TI先进模拟器件应用"两个联合实验室，有着30多年密切而友好的合作关系。在2016年TI公司中国大学计划20周年庆典上，孙肖子和西电多位教授荣获TI大学计划20年终身成就奖和特别贡献奖。

孙肖子介绍说："我们在20世纪90年代末，就十分重视学校与世界知名企业的合作，西电电工电子教学基地及实验中心先后与德州仪器、英特尔、惠普等公司建立了11个联合实验室，国外有什么新软件、新器件、新技术很快就会传到实验室，我们的老师和学生就能学到最新的知识与技术，这对保证教学内容和教材的先进性起到了重要作用。"

## 建设线上一流课程

孙肖子主编的教材和教学参考书大多是由团队一起完成的，团队中既有本校教师，也有外校教师，大部分是年轻教师。

她曾与西北工业大学张畴先教授、西安交通大学谈文心教授、西安电子科技大学张企民教授合编过《电子线路基础》，也与西北工业大学谢松云教授、李会方教授以及西安电子科技大学张进成教授、谢楷教授合编过《模拟电子技术基础》，还与西安交通大学邓建国教授合编过《电子设计指南》……

由于合编教材，孙肖子与西安交通大学、西北工业大学、空军工程大学等兄弟院校老师以及本校许多老师结下了长久而深厚的友谊。孙肖子感叹道："在此，我要感恩兄弟院校老师的合作与支持，感恩年轻老师的参与帮助，感恩出版社编辑老师们的辛勤付出！"

团队合编教材有很多益处，但也带来了一些困难。最大的困难就是：每个人的写作风格不同。大家完成各自的部分后，主编最后统稿时要花费很多精力：要统一行文风格，有的内容要再查证、修改，最后还要认真校对。

"我是主编，除完成自己承担的编写任务外，还必须对书中的所有内容负责。如果出版后有错误，那么首先就是我的错，因为我是主编！所以作为主编，必须把好关，得有很强的责任心！"孙肖子认真地说。

为了让非微电子专业的学生也懂得一些集成电路设计的知识，2003年，孙肖子和几位老师组成编写小组，一起编写了《专用集成电路设计基础》一书。2008年，他们又编写了《CMOS集成电路设计基础》一书，该书入选"十一五"国家级规划教材。目前，西电通信工程学院和人工智能学院的学生仍在使用《CMOS集成电路设计基础》。谈及此，孙肖子介绍："集成电路技术是信息技术的核心，是现代工业的基础。就现在的硬件技术而言，分立元件已很少用了，用的都是集成电路。因此，对于非微电子专业的学生，特别是电子电气信息类、计算机类专业的学生来说，应该了解有关集成电路设计的基础知识，初步学会集成电路的基本设计原理与方法。"如今，"集成电路设计基础"已成为电子工程、通信工程等学院的必修课或限选课。

好的大学，没有围墙。为了满足更多大学生、工程技术人员及电子技术爱好者"模电"学习的需求，2017年，已经78岁的孙肖子顺应"互联网+"的教育信息化潮流，在中国大学MOOC平台上开设了"模拟电子电路与技术基础"在线开放课程。该课程共录制视频97讲，被评为"国家精品在线开放课程"和"国家级一流本科课程"，每期都有成千上万名学生在线学习。

打开中国大学MOOC的应用软件，输入孙肖子的名字，就能看到这门课程。视频里，白发苍苍的孙肖子带着和蔼可亲的笑容，对着充满各种图表的PPT，从容淡定地讲着"模电"知识。

这门课程得到了学生们的一致好评：

"老师很负责，干货很多，学到了很多，谢谢老师的讲解！"

"感人至深，全网最好的'模电'课程当之无愧！"

"西电出品，必属精品。"

"在中国大学MOOC上听过不少老师讲'数电''模电'课程，您是讲得最好的！理论联系实际，点赞！"

"是不是全网最好的'模电'课程我不敢妄言，但孙老师把所有模拟电路的细节讲得十分清楚是真的。如果你有心又有精力，完全可以从讲课视频和问题回答集锦中，解开你几乎所有学习'模电'的疑问。"

录制近百集网课视频，这背后是很多年轻人都难以做到的热忱与勤奋。更令我们钦佩的是，这位年近耄耋的老人，能像年轻人一样熟练制作PPT。"退休前有研究生帮忙做，2005年退休后，我不带研究生了，也不好意思去麻烦别人，所以就慢慢学会了自己制作PPT，现在已经很熟练了。"孙肖子说。做好PPT后，她还要抽空去录像，后期还要进行校对和修改。

网课上线后，她每天早上起床后第一件事，就是在线为学生答疑解惑。她回答学生问题时总是十分认真严谨，亲自做图、写公式，上传答疑图片。有的学生问了一次不明白，还问第二次，她也总是很耐心地解答。

"我非常喜欢回答学生的问题。学生问的问题越多，我就越高兴。这两年受疫情影响，学生问的问题少了，我就总有一种失落感。"孙肖子笑着说。

为了启发学生更好地学习和思考，她将学生问过的近300个问题及自己的答复集纳在一起，做成两个栏目——"学长们曾经关注的问题"和"孙老师对若干重要问题的综合解析"，发布在MOOC平台。

因为MOOC，她也收获了更多青年学子的爱戴。来自全国各地报考西电研究生的学子，常会在网上学习孙肖子的课程。因此，她在校园里散步时，常会有不认识的学生突然走到面前，跟她打招呼："您就是孙老师吧？我在网上看过您的课程。"有时，学生还会热情地请求与她合影。

2015年，孙肖子还和多位老师合作申报了一个省级重点教改项目：丝绸之路云课堂——电子技术课程群教育教学新模式新方法的探索与实践。该项目主要内容包括在西电学习中心网站上建设6门在线开放课程，即模拟电子技术基础、数字电子技术基础、高频电子线路、微机原理及系统设计、EDA技术实验、电子技术综合设计实验。

云课堂开设期间，学校还曾召开一次全国性的研讨会，邀请北京交通大学、华中科技大学、兰州大学、厦门大学、新疆石河子大学等兄弟院校的老师来校传经送宝，与西电老师交流在线开放课程建设和教学改革经验。后来，"丝绸之路云课堂"建设成果获省级教学成果奖二等奖。

## 生命不息 耕耘不止

孙肖子教授对教学的重视、热爱和执着，无形中深深地影响了她的学生。有的学生已成为省级教学名师、省级师德标兵、国家级虚拟教研室负责人，他们主讲的"数字电路与系统设计"课，已成为国家级线上一流本科课程和国家级线上线下混合式教学一流本科课程。

孙肖子教授的学生也十分重视教材建设，他们主编教材与参考书达十余部，其中孙万蓉老师主编的《数字电路与系统设计》获陕西省优秀教材二等奖；任爱锋老师主编的《基于FPGA的嵌入式系统设计》获陕西省优秀教材一等奖，该书被世界知名电子企业推荐到100多所高校使用，英国帝国理工学院教授还专门为该书写了评荐信。

有一种年轻，叫作虽年已耄耋，但初心不改，热血犹存。

如今已年过八旬的孙肖子教授依然像年轻人一样，保持着对新事物的求知欲，每天仍在孜孜以求地学习新知识：翻看国内外最新的专业书籍，在网上学习其他高校的优秀MOOC，修订集成电路教材，与年轻教师讨论教学和科研问题……

虽然走过大半生，但她仍然保持着一颗好学的赤子之心，始终保有对教育的热忱与挚爱。

她说："我深爱教育这片热土。所以不管年纪多大，我都会坚守作为一名教师的永恒初心，不断学习，不断探索，始终保持严谨的态度，耕耘不止！"

【撰稿：卢红曼（西安电子科技大学档案馆/校史馆/博物馆特约作者）】

## 孙肖子出版教材一览表

| 序号 | 出版教材名称 | 出版时间 |
|------|------|------|
| 1 | 《晶体管与晶体管放大电路》（上下册） | 1979年 |
| 2 | 《实用电子电路手册（模拟电路分册）》 | 1991年 |
| 3 | 《电子线路基础》 | 1994年 |
| 4 | 《Motorola传感器及其应用》 | 1996年 |
| 5 | 《模拟电子技术基础》 | 2001年 |
| 6 | 《电子线路辅导》 | 2001年 |
| 7 | 《专用集成电路设计基础》 | 2003年 |
| 8 | 《现代电子线路和技术实验简明教程》 | 2004年 |
| 9 | 《电子设计指南》 | 2006年 |
| 10 | 《CMOS集成电路设计基础》 | 2008年 |
| 11 | 《模拟电子电路及技术基础（第二版）》 | 2008年 |
| 12 | 《现代电子线路和技术实验简明教程（第二版）》 | 2009年 |
| 13 | 《〈模拟电子电路及技术基础（第二版）〉教、学指导书》 | 2009年 |
| 14 | 《模拟及数模混合器件的原理及应用》（上下册） | 2009年 |
| 15 | 《模拟电子技术基础》 | 2012年 |
| 16 | 《〈模拟电子技术基础〉学习指导书》 | 2015年 |
| 17 | 《模拟电子电路及技术基础（第三版）》 | 2017年 |
| 18 | 《模拟电子技术简明教程》 | 2019年 |
| 19 | 《〈模拟电子电路及技术基础（第三版）〉教、学指导书》 | 2021年 |

注：2001年出版的《模拟电子技术基础》编者为孙肖子、张企民，2012年出版的《模拟电子技术基础》编者为孙肖子、谢松云等人；两部教材分别由西安电子科技大学出版社和高等教育出版社出版。

▶孙肖子出版的部分
教材和教学参考书

▶孙肖子获教授职务
任职资格的文件

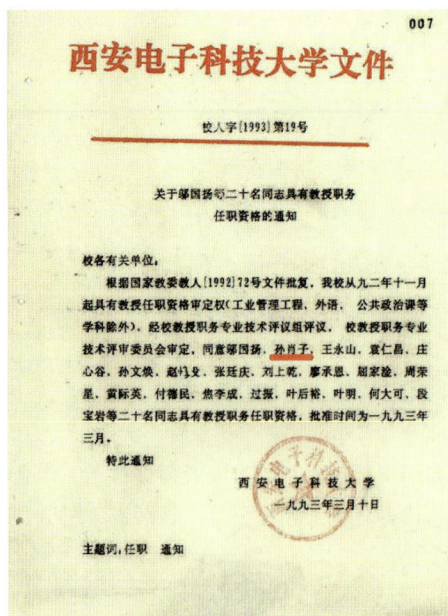

007

# 西安电子科技大学文件

校人字[1993]第19号

关于邹国扬等二十名同志具有教授职务
任职资格的通知

校各有关单位：

根据国家教委教人[1992]72号文件批复，我校从九二年十一月
起具有教授任职资格审定权（工业管理工程、外语、公共政治课等
学科除外），经校教授职务专业技术评议组评议，校教授职务专业
技术评审委员会审定，同意邹国扬、孙肖子、王永山、夏仁昌、庄
心谷、孙文焕、赵竹庄、张廷庆、刘上乾、廖承恩、超家枪、周荣
星、黄际英、付德民、焦李成、过振、叶后稀、叶朗、何大可、段
宝岩等二十名同志具有教授职务任职资格。批准时间为一九九三年
三月。

转此通知

西安电子科技大学
一九九三年三月十日

主题词：任职 通知

◀孙肖子获 1986 年
度教学研究优秀成
果奖

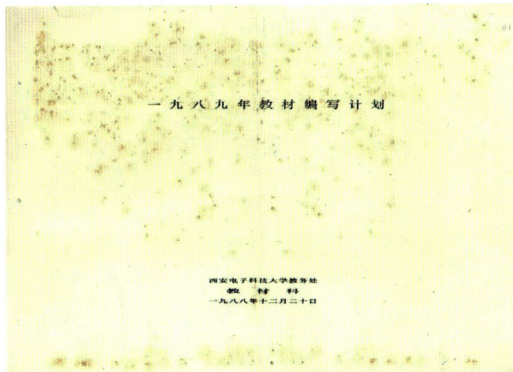

◀西电 1989 年教材
编写计划

▶《模拟电子电路及技术基础（第二版）》于 2011 年荣获省级优秀教材一等奖

附件：

### 2011 年陕西普通高等学校优秀教材名单
#### （一等奖）

| 序号 | 主编所在单位 | 优秀教材名称 | 主编姓名 |
|---|---|---|---|
| 1 | 西安交通大学 | 大学物理 | 吴百诗 |
| 2 | 西安交通大学 | 刑事科学技术 | 李生斌 等 |
| 3 | 西安交通大学 | 画法几何及工程制图 | 唐宝中 等 |
| 4 | 西北工业大学 | 电工电子技术 | 史仪凯 |
| 5 | 西北工业大学 | 工程材料与机械制造基础 | 齐乐华 |
| 6 | 西北工业大学 | 材料力学（Ⅰ）、（Ⅱ） | 荀文选 |
| 7 | 西北农林科技大学 | 森林昆虫学通论（第二版） | 李孟楼 |
| 8 | 西北农林科技大学 | 动物性食品卫生学（第四版） | 张彦明 等 |
| 9 | 西安电子科技大学 | 简明微波 | 梁昌洪 等 |
| 10 | 西安电子科技大学 | 模拟电子电路及技术基础（第二版） | 孙肖子 |
| 11 | 陕西师范大学 | 马克思主义文艺理论 | 杨广元 李西建 |
| 12 | 陕西师范大学 | 陕西 21 世纪初高等教育教学改革工程系列教材（6 种） | 霍涌泉 李新成 郝宝育 贾玉珊 祝 舒 吕埠成 等 |
| 13 | 长安大学 | 桥涵水文 | 高冬光 王亚玲 |
| 14 | 长安大学 | 汽车检测与诊断（上、下） | 陈焕江 |
| 15 | 西北大学 | 中国传统文化（第三版） | 张岂之 |
| 16 | 西北大学 | 唐诗美学精读 | 李 浩 |
| 17 | 西北大学 | 抽搐工程 | 敬 红 |
| 18 | 西安商工大学 | 特种印刷 | 黄颖为 |
| 19 | 西安理工大学 | 木能利用（第四版） | 黄 强 |

▶ 1999 年，孙肖子任工科电工电子教学基地主任

## 西安电子科技大学文件

校长办字〔1999〕第 222 号

关于孙肖子同志任职的通知

各处级单位：
　　根据国家教育委员会教高〔1996〕第 22 号文件《关于公布首批"国家工科基础课程教学基地"建设名单的通知》精神，经校长办公会议讨论决定，任命孙肖子同志为工科电工电子教学基地主任职务。

校长：

一九九九年七月五日

主题词：任职　通知

打字：刘晶秀　　校对：王援富　　共印 80 份

067

附件:

### 2011年陕西省高等教育教学成果奖特等奖获奖项目名单（共23项）

| 序号 | 成果主要完成学校 | 推荐成果名称 | 成果主要完成人姓名 | | | | |
|---|---|---|---|---|---|---|---|
| 1 | 西安交通大学 | 大学生自主实践的"梦工厂"——工程坊的建设与实践 | 程光旭 | 王晶 | 宋超英 | 何茂刚 | 张春梅 |
| 2 | 西安交通大学 | 优化电子信息类专业实践教学体系，加强本科生的工程实践能力培养 | 邓建国 | 张鹏辉 | 罗新民 | 张爱民 | 张良祖 |
| 3 | 西安交通大学 | 西安交通大学本科生书院建设的实践探索 | 卢天健 | 宫辉 | 徐文雄 | 张空 | 薛周利 |
| 4 | 西安交通大学 | 建设一流法医学国家精品课程体系，培养创新人才 | 李生斌 | 魏曙光 | 韩卫 | 郑海波 | 阎春霞 |
| 5 | 西北工业大学 | 航空发动机"情景式"实验教学体系的创建与实践 | 吴丁毅 | 刘振侠 | 肖洪 | 吕亚国 | 高颖 |
| 6 | 西北工业大学 | 构建"六大体系"，实施"十大工程"，全面提高本科人才培养质量的探索与实践 | 姜澄宇 | 王润孝 | 万小朋 | 支希哲 | 李恩普 |
| 7 | 西北工业大学 | 创建微纳新兴交叉学科平台，开放式培养高层次创新人才 | 苑伟政 | 何洋 | 李晓莹 | 马炳和 | 叶芳 |
| 8 | 西北农林科技大学 | 农科大学物理教学新模式的探索与实践 | 王国栋 | 朱态 | 解源华 | 李震 | 汪自庆 |
| 9 | 西安电子科技大学 | 与时俱进，探索面向现代电子技术发展的实践教学模式与创新人才培养方法 | 石光明 | 周佳社 | 闫卫利 | 孙肖子 | 周端 |
| 10 | 西安电子科技大学 | 大学生创业教育研究与实践 | 陈平 | 曾兴雯 | 王林雪 | 任小龙 | 赵韩强 |
| 11 | 陕西师范大学 | 构建物理化学课程群，建设高水平教学团队 | 房喻 | 陈亚芍 | 王文亮 | 胡道道 | 白云山 |
| | | | 刘守信 | 张颖 | 马红竹 | | |
| 12 | 长安大学 | 地下水科学与工程专业创新型教学团队的建设与实践 | 王文科 | 杨胜科 | 杨红玲 | 段磊 | 孔金玲 |
| 13 | 西北大学 | 地方综合性大学化学拔尖创新人才培养新体系的构建与实践 | 申烨华 | 王尧宇 | 李剑利 | 张逸昂 | 常红 |

◀孙肖子获 2011 年陕西省高等教育教学成果奖特等奖

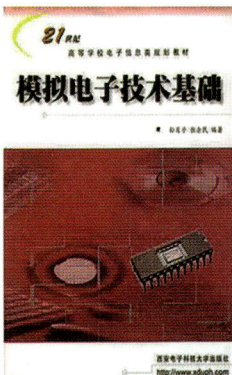

◀"模电"教材第一版、第二版与第三版

▶《现代电子线路和技术实验简明教程》第一版、第二版

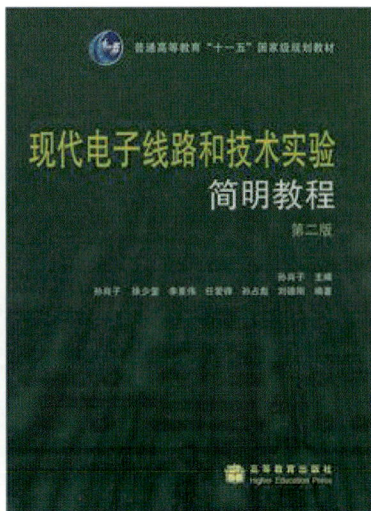

▶《实用电子电路手册（模拟电路分册）》《电子设计指南》及《模拟及数模混合器件的原理与应用（上册）》

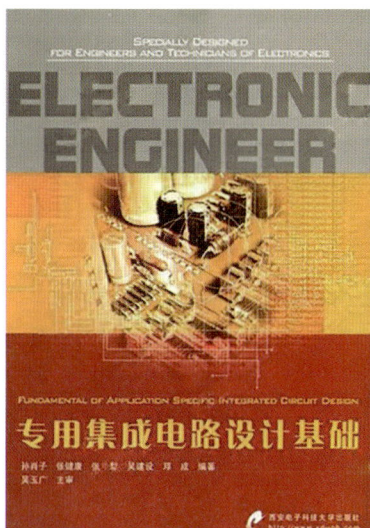

◀《专用集成电路设计基础》《CMOS集成电路设计基础（第二版）》

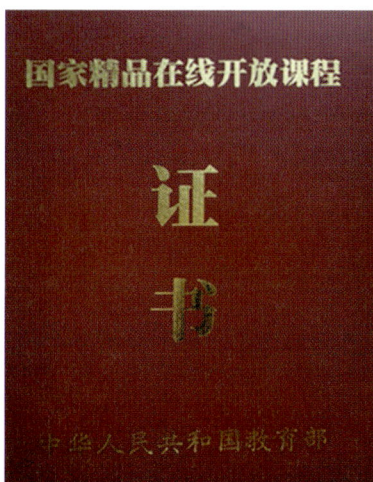

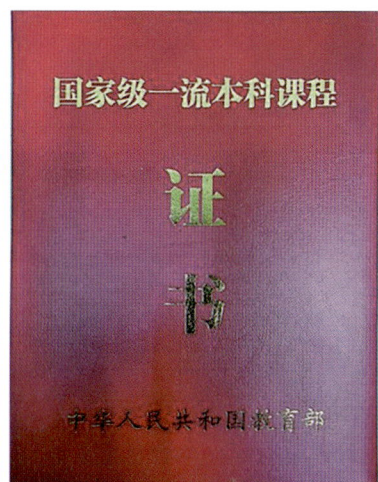

◀《模拟电子电路与技术基础》获教育部"国家精品在线开放课程"和"国家级一流本科课程"证书

▶孙肖子的 MOOC
课程

▶孙肖子获西电"教
学名师"称号

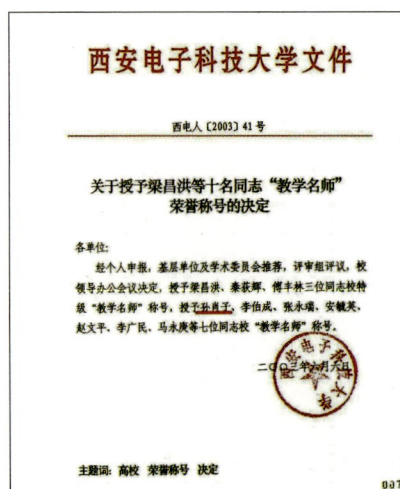

◀丝绸之路云课堂暨西北地区 EDA/SOPC 技术教学研讨会合影

◀孙肖子和她的部分学生合影

安毓英

与光电子技术

在全国近百所高校，有 10 万多名学生都使用过一本名为《光电子技术》的教材。该教材自 2002 年首次出版以来，已再版多次，总印量 10 万多册，并被选入『十一五』『十二五』国家级规划教材，为我国国防工业、电子工业、航空航天等相关领域的人才培养作出了重要贡献。

安毓英，男，1941年3月出生于陕西省华县。1964年7月毕业于中国人民解放军军事电信工程学院（今西安电子科技大学）微波技术专业，并留校任教；1986年被评为副教授；1993年晋升为教授，同年10月起，享受国务院政府特殊津贴。曾任激光教研室主任、技术物理系主任、技术物理学院院长等职务。曾获西安电子科技大学"教学名师""教书育人先进个人""十佳师德标兵"等荣誉称号。

安毓英教授长期专注于激光技术的教学和科研工作，是我国知名光电子技术专家，不仅在激光技术领域取得了显著成果，还主编了多本教材，为我国激光技术的发展作出了重要贡献。

在哈尔滨工业大学、华中科技大学、北京航空航天大学等全国近百所高校，有10万多名学生都使用过一本名为《光电子技术》的教材。

该教材自2002年首次出版以来，已再版多次，总印量10万多册，并被选入"十一五""十二五"国家级规划教材，为我国国防工业、电子工业、航空航天等相关领域的人才培养作出了重要贡献。

该教材的主编就是西安电子科技大学原技术物理学院院长安毓英教授。

## 探索创建光电子专业

"光电子技术"是电子信息类专业中电子科学与技术专业、光电信息科学与工程专业的核心课程。西安电子科技大学这些专业的很多学生都知道安毓英教授，不仅因为他曾是技术物理学院的院长，更因为他编写出了至今仍在广泛使用的经典教材——《光电子技术》。

采访时，安毓英教授已82岁高龄。他身形清瘦，一头短发已白了大半。因为年事已高，加之患过脑卒中，安教授对过往有些事已记得不甚清楚。为此，他的两位学生曾晓东教授、冯喆珺副教授专程赶来，辅助他接受采访。

然而，令大家感到有些意外的是，说起自己当年在西电求学、任教以及编写教材的经历，这位耄耋老人却记忆犹新。

自1959年考入西电，他的一生就深深地扎根在西电，这里有他的青春，更有他的理想与追求。

1941年3月，安毓英出生于陕西渭南华县。父亲是面粉厂工人，母亲是农民。1959年8月，18岁的安毓英从华县咸林中学毕业时，在学校看到中国人民解放军通信兵学院（今西安电子科技大学）的招生信息。

"我一看到招生信息，就想报考这所学校，我们老师也推荐我报考这里。因为这是军校，上学不用掏钱，而且上学就等于参军了。"安教授回忆道。出于这种朴素的想法以及对解放军的崇敬，他毫不犹豫报考了中国人民解放军通信兵学院，而且一考就中。

当时，学校从张家口搬迁到西安仅一年时间。安毓英入校几个月后，学校即更名为"中国人民解放军军事电信工程学院"，开启了西电发展史上赫赫有名的"西军电"时期。

入学后，起初他被分在二系。1960年暑假结束后，学校从四系、二系调了一部分学生，成立了五系——无线电物理与电子器件系。安毓英也被调到了五系，就读量子无线电专业。后来，他从五系毕业，在五系工作，退休也在五系（今光电工程学院）。

"当时，我们连什么叫量子都不知道。什么叫量子无线电，就更不清楚了，这些在当时都是非常前沿的。"回忆至此，安教授突然激动得有点哽咽，"因此，我非常感谢母校，感谢当年老师对我的培养，将我引入了光量子的世界。"

安教授介绍，当时，五系虽然刚成立，但拥有一大批优秀的教师，其中包括从清华大学、北京大学、复旦大学、武汉大学、南京大学等知名高校调来的一些老师。

"世界上第一台红宝石激光器是1960年才发明的。但是，当时五系刚一成立，我们的过巳吉教授等一批优秀教师，就将激光器相关内容融入课堂教学中，微波量子放大器这门课程也已经有了。我们当时还学过非常先进的铯原子钟。"安教授感慨万分，"所以，当年我们的老师非常优秀，他们紧跟科技发展的前沿。"

在西军电的5年军校生涯中，安毓英打下了非常扎实的数理基础。1964年，他本科毕业。因为他学的量子无线电专业当时太新、太前沿，以至于没有对口的单位可以接收，加之他学习成绩优异，所以本科毕业后，他留校进入了五系的微波工程实验室。他毕业时，所在的量子无线电专业改成了微波技术专业，他是从微波技术专业毕业的。

进入实验室后，学校安排他研究铁淦氧器件，并派他和实验室其他老师去南京学习。之后，他们基于所学内容，建立了一套完整的工艺流程。

光电子技术是由光子技术和电子技术结合而成的新技术，涉及光显示、光存储、激光等领域，是信息产业的核心技术。它的应用范围非常广泛，包括通信、医疗、军事等领域。

20世纪70年代，国内光电子技术快速兴起。1970年起，全国高校都在陆续设立光电子专业，西北电讯工程学院（1966年更名）也不例外。

1970年，西北电讯工程学院成立了激光教研室，并于1971年设立了光电子专业，是全国首批开办该专业的9所高校之一，也是陕西省首家设立光电子专业的高校。

当时，学校的光电子专业下设激光技术、红外技术两个专业。学校从量子无线电、物理教研室等不同专业抽调了一批教师共同组成光电子专业的教师团队，安毓英就是其中之一。

直到1977年，光电子专业才正式对外招生。在此之前，安毓英一直在实验室做研究，编写讲义和教材。那时，为了搞清楚激光器的原理，他和老师们自己做激光器，从培养玻璃工开始，艰辛地走着每一步。

当时，为了给日后的教学工作打好基础，团队教师经常举办理论训练班，全员学习激光理论，他们还邀请经验丰富的教师来讲课，学习氛围很浓厚。经过学习，团队教师掌握了很多光电子领域的前沿知识。"所以，走上讲台时，我们相当自豪，能开设这些专业课，而且有的是我们学校先有，其他学校没有的。"谈及此，安教授颇为自豪。

扎根西电40余载，安毓英坚守在教学第一线，主讲过光电子技术、激光原理、光电探测、量子电子学、光纤传感等专业课程，形成了独特的教学风格。他讲授的课程在数十届学生中的选课率都超过95%，深受学生喜爱。他曾获得西安电子科技大学"教学名师""教书育人先进个人""十佳师德标兵"等诸多殊荣。

多年来，安毓英历任激光教研室主任、技术物理系主任、技术物理学院院长等职，1986年晋升为副教授，1993年晋升为教授，同年10月起，享受国务院政府特殊津贴。2006年，安毓英退休。

## 编写《光电子技术》教材

安毓英教授是全国最早的一批研究光电子技术的专家，有着扎实的理论基础和丰富的实践经验。他在数十年的教学和科研中，提出了一套独特的观点——激光器的载波论。

他提出：激光器的发明解决了光频载波的产生问题，从此电子技术的各种基本概念几乎都移植到了光频段。电子学与光学在概念上的鸿沟消失了，光频段的电子技术也随即产生，即光电子技术。光电子技术就是电子技术在光频段的开拓和发展。

"当时，国内其他地方也有高校教师和专家在研究光电子技术，但是我们的观点不一样。"安教授说，"其他高校老师一讲激光器就是方向性好、单色性好、相干性好，完全是从光的角度去讲。我觉得这不是本质。我的观点是：激光，尤其是单模激光，它是光频载波的一个体现。这样就把电子学的概念引入到光学领域。"

提出"光频载波"的独特观点后，安毓英教授逐渐形成了一套光学领域的理论与技术，然后将这套理论与技术贯穿于教学中，为学生开设了"激光原理"课程，并在多年教学实践中不断总结凝练光电子技术理论。

1990年起，西电为本科生开设"光电子技术"课程。最初授课时，老师们没有系统的教材，用的都是自编的讲义。2000年，安毓英教授在总结数十年教学经验和科研成果的基础上，开始着手编写《光电子技术》教材。

"当时，我就想，这本教材既要有扎实的基础知识，还要有先进性，也不能太厚。在这方面我动了很多脑筋，先列好大纲，然后确定主题。"安教授回忆道。框架搭好后，他就联合激光技术专业的刘继芳教授、红外技术专业的李庆辉教授一起开始编写这本教材，每个人写自己最擅长的部分。

正在编写时，恰逢电子工业出版社相关负责人来西电调研，听闻安毓英教授正在主持编写《光电子技术》教材，便与他约定，编写完成后由电子工业出版社来出版。

2002年5月，该教材由电子工业出版社正式出版，之后，又在使用中结合使用院校的反馈情况和光电子技术的最新进展不断地进行修订。

该教材第2版被遴选为普通高等教育"十一五"国家级规划教材；第3版获陕西省高等教育优秀教材一等奖；第4版、第5版被遴选为普通高等教育本科"十二五"国家级规划教材。

据电子工业出版社不完全统计，先后有哈尔滨工业大学、武汉大学、华中科技大学、北京航空航天大学、华南理工大学、四川大学、西北工业大学、电子科技大学、西安电子科技大学等国内不同层次、近百所高校的有关院系，选用了该教材，将其作为本校"光电子技术"及相关课程的主要教材。

截至2025年，该教材已在国内各高校相关专业累计使用长达20余年，使用的学生人数累计10万余人。

## 在国内高校广受欢迎

这本教材之所以广受欢迎，是因为较好地满足了电子信息类不同专业教学的需求。

安毓英教授带领编写团队的老师们，全面总结了数十年来的教学经验和学术成果，在编写教材时以光的电磁理论为体系，突出光频载波特性，全面系统地反映了光电子技术的基本理论和应用基础。

整本教材有着清晰的脉络，以光频电磁波的信息载体特性为主线，贯穿两部分内容：一部分主要阐述光辐射特别是激光产生的机理、相干光辐射的调制原理、相干光辐射在各种介质中的传播理论以及光辐射探测的机理；另一部分主要讲述光电成像原理、红外成像原理、光电显示原理以及各种成像器件和显示器件。

此外，该教材还比较系统地介绍了光电子技术，如光纤通信、激光雷达、激光制导、红外跟踪、红外遥感等在国民经济、国防等领域的应用，并力图反映其中的新进展。

在各章节和内容的安排上，该教材既注重知识之间的有机联系，又考虑各自的独立性，并备有习题。这不仅便于教师根据不同专业对"光电子技术"课程的不同要求、学时多寡来选取适当的内容进行讲授，而且便于更多的读者自学和作为专业参考书使用。

"当时，国内也有其他光电子技术的教材，但是大部分在结构和内容上都采用罗列的方式，缺乏主线。"该教材的编者之一冯喆珺介绍，"而我们编写的这本教材有着清晰的脉络，因此，学生在用我们这本教材学习时，与使用那种罗列观点式教材的感受就不一样。这也是这本教材在国内很多高校广受欢迎的重要原因之一。而且，我们这本教材内容也更全面，不仅有理论，还有一些应用。"

曾任教育部电子信息类教学指导委员会秘书长的哈尔滨工业大学航天学院何伟明教授评价："安毓英教授主编的《光电子技术》是该课程同类教材中高校使用数量和授课学生人数较多的一本教材。光电子技术学科既包含系统的理论基础，又涉及广泛的应用，且先进技术不断涌现。该教材较好地处理了基础与应用、点与面、系统理论与新进展的关系，是一本受到师生广泛好评的优秀本科教材。"

通过学习该教材，学生不仅能够掌握光电子技术的基本原理、应用基础，还能了解该领域的新系统、新器件和新进展，明确光电子技术学科方向和科研前沿；同时，还能提高在光频段电子技术方面分析问题、解决问题的能力，为毕业后较快进入光电子技术领域进行研究和开发工作打下坚实的基础。

天津大学精密仪器与光电子工程学院胡明列教授，曾任教育部电子信息类专业教学指导委员会委员。他表示，安毓英教授主编的《光电子技术》具有较高的思想性与学术性，产生了良好的社会影响，为我国培养相关技术人才作出了贡献。

"这本教材是教育部专业调整后，国内第一本全面系统反映光电子技术基本理论和应用基础的优秀教材。"中国矿业大学钱建生教授说。这本教材被中国矿业大学信息工程专业四届本科生、电子科学与技术专业两届本科生选用后，师生的反馈都很好。

钱建生教授表示，这本教材内容丰富，既有基础理论，又反映最新进展，对基本概念的启发式阐述便于学生自学；同时，结构严谨，既注重各章节间的有机联系，又考虑各自的独立性，便于教师组织教学活动；在理论深度的把握上，也注重深入浅出，行文规范流畅。

此外，通过对往届毕业生的持续调查和对用人单位反馈的跟踪，在光电相关产业和领域工作的毕业生也对该教材的实用性和系统性有很高的评价，认为其是很多相关技术人员常备的参考工具书。

西安电子科技大学技术物理学院0501班一位曾使用过该教材的学生评价：这本教材的内容与实际应用联系紧密，从光学和电学两个角度，对光频段的电子技术的理论与应用基础进行了阐述，同时，还较系统地介绍了光电子技术在国民经济、国防等领域的应用，非常有实践参考价值。

## 走路、吃饭都在想教材

那么，这本经典教材在编写时有哪些难忘的故事？

冯喆珺介绍，这本教材是安毓英教授带领老师们全面总结数十年教学经验和学术研究成果编写而成的，在编写前就有之前上课使用的讲义作基础，但是，教材跟讲义又有很大不同，教材要更具严谨性和系统性，比如，语言要更规范，表达要更清晰准确。

作为主编，安教授始终要求大家编写时要严谨细致、力求准确，每句话、每个图表、每个数据都必须是能够得到验证的，所有内容必须查阅来源。

有时，针对教材里的一段文字到底如何表述，安教授会和大家反复研讨，翻来覆去修改，他说："一本书，就是这么打磨出来的。因为教材是传输知识的载体，教师要通过教材给学生传授知识，所以，教材必须严谨准确，不能有纰漏。"

在编写最初几个版本时，条件不像现在这么方便。那时，网络还不发达，查资料一般得去图书馆，因此，编写第一版时安教授的工作量比较大。"而且，第一版的初稿，安教授是手写的，当时总看到安教授的桌上堆了一堆编写教材的资料。"冯喆珺说。

曾晓东教授是安毓英教授的学生兼同事，他也曾担任技术物理学院院长。"编写这本教材时，安教授还担任着技术物理学院的院长，日常本来就有很多教学和管理工作，所以，编写教材的时间都是挤出来的。"曾晓东教授介绍，"那会儿，大家路过安教授的办公室时，经常能看到他伏案编写教材的身影。"

"那会儿，确实满脑子想的都是编写教材的事，走路、吃饭时都在想这事。"安教授回忆道，"当时，除了在学校编写教材，周末和晚上也在家里忙着教材的事。而编写教材最耗费精力的是，作为主编，我要审阅其他参编老师撰写的内容，不了解的部分，还要向大家请教学习，最后还要将大家的文风修改润色一致。"

除了《光电子技术》这本教材，多年来，安毓英教授还先后出版了《激光技术》《光学传感与测量》《光电探测原理》《光电探测与信号处理》《激光原理与技术》等重要教材。其中，《激光技术》于2000年由科学出版社出版，曾获全国普通高校优秀教材一等奖；《光学传感与测量》于2001年由电子工业出版社出版，曾被评为全国电子信息类专业"九五"部级重点教材。

安教授多年来笔耕不辍，在忙碌的教学、科研和管理工作之余编写教材。对此，曾晓东教授深感钦佩："编写教材体现的是安教授对教育事业的热爱以及奉献精神。很多编写教材的老师身上都有一种奉献精神。急功近利的人是不会去编写教材的，因为写教材是一件很耗费心力的事情。短期内，可能看不到什么名利，后来才有可能对学科发展产生影响。"

## 申报光学工程博士点

扎根西电40余载，除了在教学和科研上取得丰硕成果，编写出一本本经典教材，安毓英教授还为学校的学科建设作出了重要贡献。2000年10月，在安毓英教授的精心组织、积极奔走下，西电成功获批"光学工程国家一级学科博士授权点"。

1971年，学校设立了光电子专业。1977年，光电子专业正式对外招收本科生。1978年，第一届研究生招生。当时，安毓英还没有资格带研究生，他在曾任技术物理系主任过巳吉教授的研究生指导小组里，协助教授指导研究生。

当时，因为学校光电子专业没有硕士点，学校培养的硕士研究生毕业时得去北京进行答辩。这对安毓英的触动特别大，他说："办学没有学科点，这还了得！"

因此，他后来在担任技术物理系主任、技术物理学院院长时，始终高度重视学科建设工作。1999年6月起，他开始担任技术物理学院院长。除日常教学、科研和管理工作之外，他思考最多的就是学科建设问题。

20世纪末期，光电子技术蓬勃发展。当时，美国科学家指出"21世纪是光电子的世纪"。1998年，教育部决定批准设立"光学工程博士点一级授权学科"，当年全国首批有7所学校获此博士授予权。

当时，刚担任技术物理学院院长的安毓英怀着强烈的学科建设意识，敏锐地抓住了这个机遇，开始着手申报光学工程一级学科博士授权点。

关于申报中的艰辛，曾晓东教授有着深刻的印象。

"当时，安教授非常敏锐地抓住了这个机遇。他身体力行，马上行动起来，很多重要的申报材料都是他亲自撰写的。"曾晓东教授回忆，"整个申报过程非常辛苦，仅整理材料这一项就很繁杂。同时，安教授还利用自己在学术界的影响力，去全国各地走访学科组的专家，向对方推介西电在光电子技术人才培养、科研等方面的成果，以增加评审组专家对西电的了解。"

为了节省经费，安毓英走访专家时，经常都是选择乘坐火车而不是飞机。"有一次，我陪安教授去东北走访专家，回到北京时已经半夜了。当时，学校在北京有个办事处，我们到时已经没有房间了，最后只好加了个床凑合了一晚。那会儿，安教授近60岁了，真是不容易！"曾晓东教授感慨地说。

功夫不负苦心人。2000年10月，西电技术物理学院申报光学工程国家一级学科博士授权点，一举成功。在学科博士授权点的申报过程中，安教授撰写的一系列光电子技术方面的教材，也发挥了重要作用。

"这既是国家对西电在光电子领域人才培养和学术研究成果的认可，也为今后西电光电工程学科的发展奠定了良好的基础。"曾晓东教授总结说。多年来，许多学科在技术物理学院孕育和成长，壮大后分到其他学院，推动了学校的学科建设和发展。

如今，技术物理学院已更名为光电工程学院。学院现有本科生1300余人，硕士研究生240余人，博士研究生70余人；现有光学工程博士和硕士学位授权一级学科、物理电子学二级学科，电子科学与技术、光电信息科学与工程2个国家级一流本科专业，以及教学改革试点班、"卓越工程师教育培养计划2.0"实验班2个本科试点班，为国家光电领域的人才培养、学术发展、科技进步作出了重要贡献。

安毓英教授说："我虽然离开教育教学岗位多年，但是无数次'夜阑卧听风吹雨，铁马冰河入梦来'，我的心依然深深地牵挂着学校的发展。因为这里承载了我所有的青春梦想与人生价值。"

谈到寄语学校青年教师，他殷切期望：青年教师能专于学习，潜心"立德树人"，扎实做好本职工作，保持求真务实的态度；积学以储宝，厚积而薄发，在做好积累的基础上，积极开拓创新，为国家和民族培养更多可堪大任、能担重担的时代新人，将西电的明天建设得更加美好！

【撰稿：卢红曼（西安电子科技大学档案馆/校史馆/博物馆特约作者）】

## 安毓英出版教材一览表

| 序号 | 出版教材名称 | 出版时间 |
|---|---|---|
| 1 | 《激光技术》 | 2000年 |
| 2 | 《光学传感与测量》 | 2001年 |
| 3 | 《光电子技术》 | 2002年 |
| 4 | 《光电探测原理》 | 2004年 |
| 5 | 《光电子技术（第2版）》 | 2007年 |
| 6 | 《光电探测与信号处理》 | 2010年 |
| 7 | 《激光原理与技术》 | 2010年 |
| 8 | 《光电子技术（第3版）》 | 2011年 |
| 9 | 《光电子技术（第4版）》 | 2016年 |
| 10 | 《光电子技术（第5版）》 | 2021年 |

►《光电子技术（第
4 版）》

►大学时期的安毓英

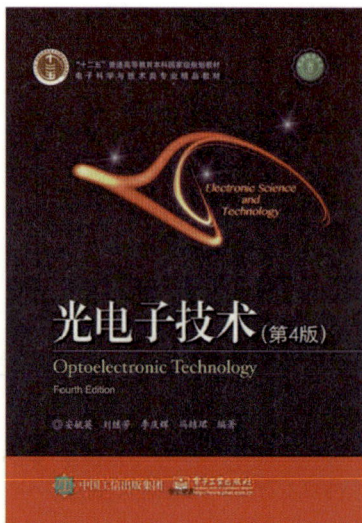

►西军电时期的校门

◀1961 年五系学员合影（第一排左二为安毓英）

◀五系 501 教研室合影（第二排左三为安毓英）

► 1985 年，西北电讯工程学院编印《光电探测技术》

► 1996 年，安毓英等人在新实验开发和新实验仪器设备研制中获二等奖

| 2013年度本科教学突出贡献奖励名单 | | | | | | |
|---|---|---|---|---|---|---|
| 大类 | 类别 | 项目名称 | 负责人 | 所在学院 | 获奖级别 | 奖励金额（万元） | 备注 |
| 精品课程及教材 | 精品课程 | 微波技术基础 | 梁昌洪 | 电子工程学院 | 2013第二批国家级 | 5 | |
| | | 数字电路及系统设计 | 孙万蓉 | 电子工程学院通信工程学院计算机学院 | 2013第二批国家级 | 5 | |
| | | 信号与系统 | 郭宝龙 | 空间科学与技术学院 | 2013第二批国家级 | 5 | |
| | | 模拟电子线路基础 | 傅丰林 | 通信工程学院 | 2013第二批国家级 | 5 | |
| | | 信息论与编码理论 | 李晖 | 通信工程学院 | 2013第二批国家级 | 5 | |
| | | 高频电子线路 | 曾兴雯 | 通信工程学院 | 2013第二批国家级 | 5 | |
| | | 预测与决策（网络教育） | 李华 | 经济与管理学院 | 2013第二批国家级 | 5 | |
| | | 计算机网络（网络教育） | 丁振国 | 网络与继续教育学院 | 2013第二批国家级 | 5 | |
| | | 高等数学 | 杨有龙 | 数学与统计学院 | 2013第三批国家级 | 5 | |
| | | 通信原理 | 曹丽娜 | 通信工程学院 | 2013第三批国家级 | 5 | |
| | | 线性代数 | 刘三阳 | 数学与统计学院/物理与光电工程学院/电子工程学院 | 2013第三批国家级 | 5 | |
| | 教材评优 | 光电子技术 | 安毓英刘继芳李庆辉冯喆珺 | 物理与光电工程学院 | 省级一等奖 | 4 | |

◀《光电子技术》获2013年度本科教学突出贡献奖

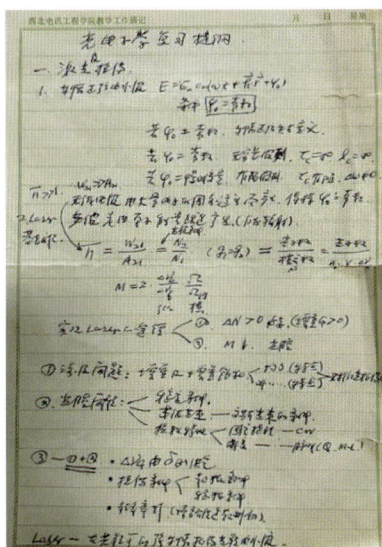

◀"光电子学"复习提纲手稿

◀"光电子技术"课程被评为省级精品课

| 序号 | 课程名称 | 负责人 | 评审时间 |
|---|---|---|---|
| 13 | 高等数学（高数） | 王金金 | 2004 年 |
| 14 | 计算机导论 | 陈 平 | 2004 年 |
| 15 | 编译原理 | 时 奎 | 2004 年 |
| 16 | 高频电子线路 | 曾兴雯 | 2005 年 |
| 17 | 信息与编码理论 | 王育民 | 2005 年 |
| 18 | 通信原理课程 | 李建东 | 2005 年 |
| 19 | 数字信号处理 | 许录平 | 2005 年 |
| 20 | 光电子技术 | 安毓英 | 2005 年 |
| 21 | 高等数学 | 王金金 | 2005 年 |
| 22 | 数据库原理及应用 | 崔家礼 王京平 | 2005 年 |
| 23 | 计算机组成原理 | 唐智灵 | 2006 年 |
| 24 | 操作系统原理 | 方 敏 | 2006 年 |
| 25 | 电路测试技术 | 赵 建 | 2006 年 |
| 26 | 光学 | 张一平 | 2006 年 |
| 27 | C++程序设计语言 | 陈 平 | 2006 年 |
| 28 | 随机信号分析 | 李兵兵 | 2007 年 |
| 29 | 雷达系统 | 赵国庆 | 2007 年 |
| 30 | 数据结构 | 霍红卫 | 2007 年 |
| 31 | 固体物理 | 曹全喜 | 2007 年 |
| 32 | 物理光学与应用光学 | 石顺祥 | 2007 年 |
| 33 | 大学英语 | 杨 跃 | 2007 年 |
| 34 | 微处理器实验 | 石光明 | 2007 年 |
| 35 | 网络安全理论与技术 | 胡予濮 | 2008 年 |
| 36 | 工程经济与计算机绘图 | 侣绍锋 | 2008 年 |
| 37 | 信息管理学 | 赵维事 | 2008 年 |
| 38 | 电磁学 | 郭立新 | 2008 年 |
| 39 | 科技英语 | 秦荻辉 | 2008 年 |
| 40 | 微型电子器件 | 张鹤鸣 | 2008 年 |
| 41 | 网络应用程序设计 | 方 娟 | 2009 年 |

▶《光电子技术（第3版）》获西安电子科技大学第十三届优秀教材一等奖

| 序号 | 教材名称 | 编著者姓名 | 第一编著者单位 | 获奖等级 | 奖金（元） |
|---|---|---|---|---|---|
| 1 | 光电子技术（第3版） | 安毓英 刘继芳 李庆辉 冯喆珺编著 | 技术物理学院 | 一等奖 | 2000 |
| 2 | 激光技术与天线（第三版）（含学习辅导与习题详解） | 王新稜 李赞平 李萍编著 | 电子工程学院 | 一等奖 | 2000 |
| 3 | 数字图像处理系统工程导论 | 郭宝龙 孙伟主编 | 机电工程学院 | 一等奖 | 2000 |
| 4 | 雷达原理（第四版） | 丁鹭飞 耿富录 陈建春 | 电子工程学院 | 一等奖 | 2000 |
| 5 | 电磁场与电磁波基础（第二版） | 郑宏兴 赵永久 朱满座编著 | 电子工程学院 | 一等奖 | 2000 |
| 6 | 数字信号处理器技术原理与开发应用（第二版） | 王军宁 何迪 田妮 杨元根 党英 编著 | 通信工程学院 | 一等奖 | 2000 |
| 7 | 随机信号分析 | 蔡新波 刘朝晖 宋瑞平 牛振兴 | 电子工程学院 | 一等奖 | 2000 |
| 8 | 人力资源管理概论（第二版） | 王林雪 张卫莉 贾彩云 尚爽 田朝晖 张程 宁艳丽 方斐 | 经济与管理学院 | 二等奖 | 2000 |
| 9 | 工程制图与计算机绘图（含习题集）（第三版） | 西安工程图学与计算机绘图教研室编 | 机电工程学院 | 二等奖 | 1000 |
| 10 | 32位嵌入式系统与SoC设计导论（第2版） | 杨刚 肖宇彪 王鹏鹏等编著 | 电子工程学院 | 二等奖 | 1000 |
| 11 | C程序设计（第三版）（含学习指导） | 荣政 胡建伟 邵晓鹏 胡钢伟 | 通信工程学院 | 二等奖 | 1000 |
| 12 | 医学影像的数字处理 | 黄力宇 赵静 李茜 | 生命科学技术学院 | 二等奖 | 1000 |
| 13 | 计算机理学 | 郭立新 李江斌 韩旭旭编著 | 技术物理学院 | 二等奖 | 1000 |
| 14 | 创业教育系列丛书:技术创业 | 马鸣萧 郭士刚 邓俊荣 倪超如 康晓东 陈惠源 杜跃平 段利民 王晶垚 朱红星 王燕雪 康晓玲 | 经济与管理学院 | 二等奖 | 1000 |
| 15 | 光纤技术及应用 | 石顺祥 孙艳玲 刘继芳编著 | 技术物理学院 | 二等奖 | 1000 |
| 16 | 线性控制系统理论与方法 | 李俊民 李靖 杜莉莉编著 | 理学院数学系 | 二等奖 | 1000 |
| 17 | 硕士英语听说教程2 | 本册主编:郑映楠 邵昱 | 外国语学院 | 二等奖 | 1000 |
| 18 | 现代电子装联质量管理 | 冯力 朱敏波主编 | 机电工程学院 | 二等奖 | 1000 |
| 19 | 微波电子线路 | 雷振亚 李磊 谢拥军 郑合林 | 电子工程学院 | 二等奖 | 1000 |
| 20 | 排队现象的建模、解析与模拟 | 曹秀 董丽华 马建峰编著 | 计算机学院 | 二等奖 | 1000 |
| 21 | 西方经济学——选择的科学 | 郑伟强 周源 | 经济与管理学院 | 二等奖 | 1000 |
| 22 | 数学物理方法 | 张民 罗伟 吴振森编著 | 理学院物理系 | 二等奖 | 1000 |
| 23 | 专用集成电路设计实践 | 朱新勇 王松林 王辉 史凌峰 叶强 袁冰编著 | 电子工程学院 | 二等奖 | 1000 |

▶安毓英编著的教材

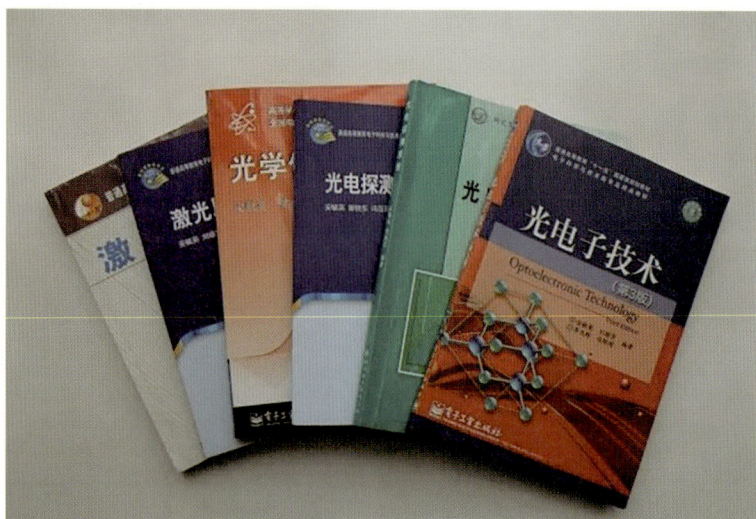

★西安电子科技大学年鉴（2012卷）★

续表

| 序号 | 奖励级别 | 奖励名称 | 奖励等级 | 奖励项目名称 | 完成单位 | 项目主要完成人员 | 西电排名 |
|---|---|---|---|---|---|---|---|
| 14 | 省部级 | 国防科学技术奖 | 一等奖 | XXX 预报新技术 | 理学院 | 吴鑫淼(8) | 第二 |
| 15 | 省部级 | 国防科学技术奖 | 二等奖 | XXX 网络技术 | 通信工程学院 | 李建东、盛敏、刘勤、李红艳、张琰、牛杰兵、赵林靖、李钊、黄鹏宇、卢汉兵、侯蓉晖、刘伟、庞文钰、李维英、杨家玮 | 第一 |
| 16 | 省部级 | 国防科学技术奖 | 二等奖 | XXX 激光器 | 技术物理学院 | 王石语、过振、蔡德芳、李兵斌、张文平、李明山、文建国、安毓英、王志峰、刘建宇、韩文杰 | 第一 |
| 17 | 省部级 | 国防科学技术奖 | 二等奖 | XXX 通信系统研制 | 通信工程学院 | 李建东(3)、李赞(10) | 第二 |
| 18 | 省部级 | 国防科学技术奖 | 三等奖 | XXXX 关键技术及其应用 | 电子工程学院电子所 | 陈伯孝、赵永波、刘宏伟、董政、刘峥、杨明磊、宋万杰、曹运合、谢亮、周生华 | 第一 |
| 19 | 省部级 | 中国电子学会电子信息科学技术奖 | 一等奖 | 大型星载天线设计理论与关键技术及应用 | 机电工程学院 | 段宝岩、李团结、陈建军、黄进、郑飞、杜敬利、朱敏波、曹鸿钧、张逸群、杨东武 | 第一 |
| 20 | 省部级 | 中国电子学会电子信息科学技术奖 | 一等奖 | LTE芯片、终端产业化应用项目 | 通信工程学院 | 葛建华(5) | 第一 |
| 21 | 省部级 | 高等学校科学研究优秀成果奖 | 二等奖 | 高性能电子装备机电耦合理论与关键技术及其应用 | 机电工程学院 | 段宝岩、郑飞、王从思、黄进、陈光达、保宏 | 第一 |
| 22 | 省部级 | 高等学校科学研究优秀成果奖 | 二等奖 | 高精密宽频率相位处理与测量技术 | 机电工程学院 | 周渭、李智奇、杨林、于建国、杜宝强、宜宗强、高建宁、刘勇军、惠娟锋、张雪萍、苗苗、白丽娜、孙小莉、康娟娟、林海涛 | 第一 |
| 23 | 省部级 | 中国仪器仪表学会科学技术奖 | 二等奖 | 高分辨率的相位处理与测量技术 | 机电工程学院 | 李智奇、周渭、于建国、董部研(5) | 第一 |
| 24 | 省部级 | 中国航空学会科学技术奖 | 二等奖 | 基于低损耗测量与显微视觉的激光陀螺精密调控系统 | 技术物理学院 | 邵晓鹏(2) | 第二 |
| 25 | 省部级 | 中国航空学会科学技术奖 | 三等奖 | XXX 雷达成像导引头关键技术 | 电子工程学院电子所 | 全英江(5)、邢孟道(6) | 第二 |

◀安毓英参与的科研项目获国防科学技术奖二等奖

# 西安电子科技大学文件

西电人〔2003〕41号

**关于授予梁昌洪等十名同志"教学名师"荣誉称号的决定**

各单位:

经个人申报、基层单位及学术委员会推荐，评审组评议，校领导办公会议决定，授予梁昌洪、秦获辉、傅丰林三位同志校特级"教学名师"称号，授予孙肖子、李伯成、张永瑞、安毓英、赵文平、李广民、马永庚等七位同志校"教学名师"称号。

二〇〇三年六月六日

◀安毓英被授予校"教学名师"称号

►《激光原理与技术》
手稿

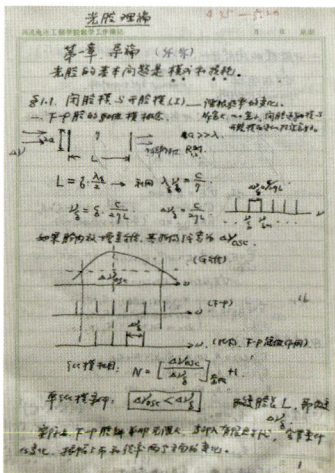

►《光电探测原理》
手稿

►《光电探测原理》
获西安电子科技大学
第十届优秀教材二
等奖

| 序号 | 单位 | 教材名称 | 编著者 | 出版社 | 出版时间 | 策划编辑 | 责任编辑 | 适用层次 | 备注 |
|---|---|---|---|---|---|---|---|---|---|
| 1 | 技术物理学院 | 纳米电子学 | 杜 磊 庄奕琪 | 电子工业出版社 | 2004.11 | | 陈晓莉 | 研究生 | |
| 2 | 机电工程学院 | 电路分析 | 张永瑞 王松林 李小平 | 高等教育出版社 | 2004.10 | 刘激扬 | 刘 洋 | 本科 | |
| 3 | 机电工程学院 | 电路基础教程 | 张永瑞 王松林 | 科学出版社 | 2005.9 | | 匡 敏等 | 本科 | |
| 4 | 电子工程学院 | 32位嵌入式系统与SoC设计导论 | 杨 刚 肖宇彪 陈 江等 | 电子工业出版社 | 2006.4 | | 高芙花 | 研究生 本科 | |
| 5 | 经济管理学院 | 知识元挖掘 | 温有奎 徐国华 赖伯年 温 浩 | 西安电子科技大学出版社 | 2005.4 | | 戚文艳 | 杨 璠 戚文艳 | 本科 |
| 6 | 技术物理学院 | 光电探测原理 | 安毓英 曾晓东 | 西安电子科技大学出版社 | 2004.8 | | 杨 璠 云立实 | 研究生 本科 | |
| 7 | 计算机学院 | 计算机操作系统 | 方 敏 王卫平 权义宁 王长山 | 西安电子科技大学出版社 | 2004.8 | | 戚晓斯 | 阔 梅 雷鸿俊 威晓斯 | 研究生 |
| 8 | 经济管理学院 | 网络信息系统的分析设计与评价—理论.方法.案例 | 赵 坤 刘 云 | 清华大学出版社 | 2005.5 | | 徐培忠 | 研究生 | |
| 9 | 电子工程学院 | 数字视觉视频技术 | 李玉山 | 西安电子科技大学出版社 | 2006.1 | | 蔡思林 云立实 威晓斯 | 研究生 | |
| 10 | 电子工程学院 | MATLAB 7.X 程序设计语言（第2版） | 楼顺天 姚若玉 沈俊霞 | 西安电子科技大学出版社 | 2006.5 | | 毛红兵 | 毛红兵 廖敏萍 | 本科 |
| 11 | 经济管理学院 | 预测与决策 | 李 华 胡奇英 | 西安电子科技大学出版社 | 2005.3 | | 夏大平 | 夏大平 | 研究生 本科 |

◀《激光原理与技术》

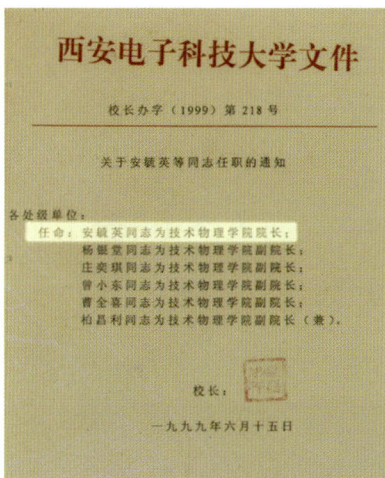

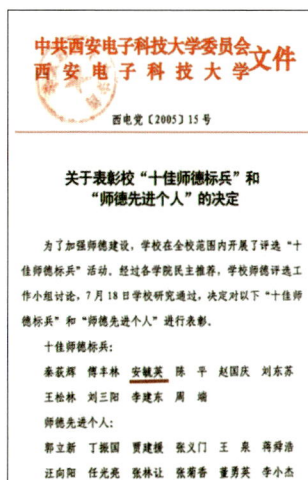

◀ 1999 年任命安毓英为技术物理学院院长的通知

◀ 2005 年，安毓英被评为"十佳师德标兵"

▶安毓英曾经的学习
笔记

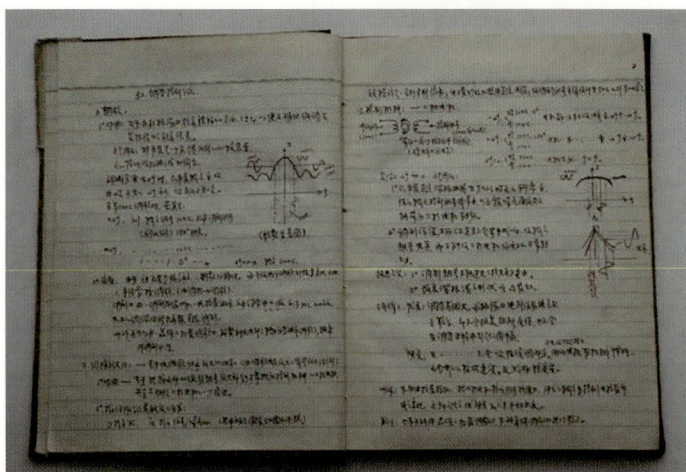

◀安毓英

◀安毓英与采访小组
合影（左起：田鸽、
安毓英、卢红曼）

# 秦荻辉

## 与科技英语

秦荻辉决心办出有西电特色的科技英语专业，60 载矢志不渝。回顾一生，秦荻辉说：「我一生最大的骄傲就是带领西电科技英语学科走向了全国第一！其间，我的弟子们也作出了很大的贡献。」

秦获辉，男，1942年9月出生于江苏省无锡市。1962年毕业于中国人民解放军军事电信工程学院（今西安电子科技大学）电信工程系并留校任教；1981—1982年，在日本东京参加 Polytechnic University 的"国际电子班"研修；1991年晋升为教授。1992年被评为机械电子工业部有突出贡献专家，同年起，享受国务院政府特殊津贴。曾任西安电子科技大学基础课部外语教研室副主任、主任，外语系首任主任、人文学院首任院长，兼任全国自学考试英语（工科）主命题教师、陕西省研究生外语教学研究会名誉会长等职务。先后被授予"电子工业部先进教育工作者""电子工业部优秀教师""陕西省优秀教师""陕西省劳动模范"等荣誉称号。

秦获辉教授在科技英语领域取得了卓越成就，诸多研究成果处于国内领先水平，是科技英语学科带头人。他出版著作/教材40本，开创了一系列符合中国理工科学生及科技人员思维特点的教学方法，为国家培养了众多优秀的科技英语人才，为我国的科技英语教育事业作出了杰出贡献。

　　每年，西安电子科技大学外国语学院新生入校后，秦获辉教授都会迈着略微蹒跚的步伐，走上讲台，向青年学子们讲述学校外语专业创办的艰辛历程，并传授他们科技英语的学习方法。

　　看着台下一张张朝气蓬勃的年轻面孔，这位耄耋老人总会不经意间想起60多年前，17岁的自己刚到西电时的情景。时光荏苒，倏忽间，一个甲子已然逝去。

　　曾经那位少年舍弃了个人梦想，投身科技英语领域，成为共和国科技英语的拓荒者，他编著了一本又一本优秀教材，为国家培养了一批又一批科技英语专业人才，让中国与世界先进科技之间更加紧密地交流、合作、共进。

## 向左还是向右

　　2022年9月27日，初秋的西安有些微凉，北校区家属楼，80岁高龄的秦获辉教授在家中接受了采访。他满头银发，身形消瘦，身穿一件磨得有些发亮的旧外套和一条很有年代感的绿色军装裤，让人很难将眼前这位朴素的老人与"中国科技英语的开创者""全国著名科技英语专家"这些响当当的名号联系起来。

然而，就是这样一位朴素的老人，开创了中国科技英语的诸多先河，书写着西电科技英语的传奇。

虽然已经80岁高龄，但秦荻辉教授思维依然清晰、敏捷，对于几十年前的人和事，能快速准确地说出来。他的书房里，靠墙的4个书架上，满满当当摆放着与科技英语有关的书籍。

他的一生，都与科技英语紧紧地连接在一起。

时光闪回1959年。彼时，西电（当时名称为中国人民解放军通信兵学院）刚刚从张家口搬迁到西安，即将开启在西电校史上赫赫有名的"西军电"时期。

秦荻辉就是西电从张家口搬到西安的第一届学生。他是江苏无锡人，自小跟着当纺织工的哥哥在上海读书，父母都在农村老家种地。高中毕业时，中国人民解放军军事工程学院（即哈军工，哈尔滨工程大学前身）、中国人民解放军通信兵学院、中国人民解放军第四军医大学（今中国人民解放军空军军医大学）三所部队顶尖高校在全国招生，中国人民解放军通信兵学院来到上海徐汇区招生。得悉后，当时17岁的秦荻辉主动报考了中国人民解放军通信兵学院。一方面，因为他的家庭并不富裕，他想上军校，好为哥哥、嫂子减轻负担；另一方面，更重要的是，他实在太喜欢无线电了！

"我特别喜欢无线电，觉得它很神奇。"秦荻辉教授的思绪被拉回到青葱的少年时代。高中时，他就与同学组建过一个"无线电业余小组"，曾一起按照杂志《无线电》上的线路图试做了手提扩音器，给体育老师上课用。他还花5毛钱买过一台"矿石收音机"，只要在窗外挂一根天线就能收听，他每天晚上睡觉时都会听听。因此，当他顺利考入中国人民解放军通信兵学院的电信工程系无线电专业后，他最初的理想是以后当一名神气的技术军官。然而，时代和国家却对他有另一种召唤。

1960年，西军电大发展，招收了4000多名学员，但各类教员严重缺乏。于是，学校把二年级以上的尖子生抽调出来，让他们在教研室学习的同时，还要承担一定的教学任务。当时，18岁的秦获辉被抽调出来，成为"无线电发射机"课程的见习教员。

中华人民共和国成立初期，由于与苏联关系极为密切，我国主要以俄语作为第一外语。20世纪60年代初，随着中苏关系恶化，我国又将英语作为第一外语。

中苏关系破裂后，中央军委要求哈军工、西军电立即从俄语教学改为英语教学，而西军电当时没有那么多英语教师。

因为秦获辉在高中时学过英语，英语老师说他的英语很好，所以1961年7月，学校领导决定将他借调到当时的训练部外语教研室当英语教员。

这一决定彻底改变了他的人生走向。

"当时，我是不愿意的。"秦获辉教授回忆，"我的兴趣在无线电，不喜欢文科，那个年代流行的说法都是'学好数理化，走遍天下都不怕'。"然而，领导对他说："苏联现在对我们搞技术封锁，国家需要大力培养英语方面的人才，你要好好学习雷锋同志愿做小小螺丝钉的精神。"

一边是个人的兴趣和理想，一边是国家的迫切需求，向左还是向右？秦获辉的内心充满了矛盾。但是，他没有考虑太久，"军人必须服从命令"的使命感让他很快作出了选择，当即就去外语教研室报到了。学校本来说借调5年，但因为国家和学校的需求，他在外语教研室一待就是46年，一直到退休。

## 开创"秦氏英语"

从学习无线电专业转向英语教学，其间的跨度和难度可想而知。他当时的英语也不过是高中水平。"我上学时，学校学英语的同学很少，老师基本是解放军外国语学院刚毕业的学生，上课时在黑板上写几个生词，不怎么讲语言点，让自己看。学习材料也是学校自己编的（如关于变压器、放大器、阴极射线管等内容的英文专业资料），我们都是根据中学学的语法知识和大学学的科技知识连蒙带猜地学。"秦荻辉教授回忆，"我的英语老师告诉领导，说我英语学得好，每次考100分，其实是'腹中空'呢。"

由于当时英语教师极少，教学任务又重，根本不可能脱产进修，所以只能在职自修。在当年艰苦的条件下，秦荻辉付出了常人难以想象的艰辛：为了提高英语水平，他每天完成教学工作后，就在办公室自学到深夜，为此还患上了严重的神经衰弱症，晚上常常只能睡两三个小时。为了增加英语词汇量，他把当时教研室订购的*Peking Review*（《北京周报》）的每期都从头看到尾，坚持了好几年，每当见到不认识的单词，就不厌其烦地查词典。他很少上街，如果上街，那一定又是去外文书店买英文书了。20世纪六七十年代，他每月的工资只有五六十元，但他时常会拿出近一半的工资，用来买英文图书。为了提高听力，他买过一套英国出版的"灵格风英语"唱片、一台电唱机，还买了一台1959年首次生产于西安的"鞋盒式"五管电子管收音机，每天有空就收听我国对外电台Radio Peking的各类节目。

为了学习语法知识，他更是借遍了当时学校图书馆里所有的语法书，包括中文的和英文的。他自己还买了一套美国的语法手册（共4本）。

有一次，他在图书馆看到了一本好书，由于当时没有打字机也没有复印机，就把整本书都抄了下来。看到一些好材料，他就刻成蜡纸油印给学生阅读。他数十年如一日地刻苦钻研、孜孜以求，为日后编撰科技英语方面的教材奠定了坚实的基础。

经过几十年的潜心研究和实践，他形成了一套独特的、容易被理工科学生掌握的科技英语教学方法（如功能图法、公式法、试探法），构建了相应的教学内容体系并编写了教材，深受理工科学生以及研究所工程技术人员的欢迎。正因为这套科技英语教学方法独特且实用，20世纪90年代，西电的博士生们将其亲切地称为"秦氏英语"。

秦荻辉也先后被授予"电子工业部先进教育工作者""电子工业部优秀教师""陕西省优秀教师""机械电子工业部有突出贡献专家"以及学校"特级教学名师""师德标兵"等荣誉称号。

## 我国第一本科技英语教材

高校教材在高校人才培养中占据着极其重要的位置。高校教材建设是人才建设的基础，对于培养适应社会发展的创新型人才，促进高等教育事业的发展有着重要的意义和作用。

20世纪60年代，全国还没有统一的英语教材，各学校都自行组织人员编写。1973年，西电开始招收工农兵学员。为了满足工农兵学员的学习需求，1975年，秦荻辉根据自己多年学习积累的资料、总结的方法和研究成果，编写出了自己的第一本教材《英语教程》，这也是我国第一本科技英语教材。

20世纪80年代中期，我国科技人员普遍英语水平不高。为了学习国外的先进技术，尽早建成社会主义现代化强国，国内一些知名的大学，如清华大学、北京航空航天大学、上海交通大学、西安交通大学等先后都开设了科技英语专业。

西电这所有着光荣革命传统，血液里流淌着红色基因，与共和国一起成长起来的我党我军第一所工程技术院校，在共和国成立及发展的波澜壮阔的历史中，始终承担着为我党我军培养通信人才的重要使命。1985

年，顺应建设社会主义现代化强国的时代需求，西电决定开设科技英语专业，并任命秦荻辉为外语系主任。接过这一时代的重托，秦荻辉决心要办出有西电特色的科技英语专业：在教学计划和课程安排上，都要与外语类院校有所不同，体现西电特色。

在最艰苦的"创业"时期，他没有机会去外语类院校学习，更没有机会去国外学习，只能从头摸索。几经思索和讨论，系里最终确定了主要科技课按学校一系无线电专业的一些课开设，难度稍微降低，内容适当精简；科技英语课主要按秦荻辉研究的领域设置，主要包括科技英语语法课、科技英语写作课、科技英语阅读课等。教学计划也是根据西电的情况设定的，既要保证一般英语专业的主要课程，又要有电子学科的特点。

"科技英语课程的特点是：突出科技英语的语法和写作，要给学生介绍英美等国科技人员所偏爱的一些句型。我校的科技英语语法和科技英语写作这两门课的研究成果在国内是处于领先地位的，当时清华大学、上海交通大学等高校的科技英语专业都没有这些特色课程。"秦荻辉教授说。

## 清华学者邀请协助翻译

天道酬勤，秦荻辉教授倾注了毕生心血的一部部教材赢得了许多教授、学生、科技工作者的好评，在全国范围内打响了西电科技英语的金字招牌。

我国著名有机化学家、清华大学的宁永成教授有两本专著要在国外出版，需要全部翻译成英文。他看过秦荻辉教授编写的教材后，觉得学术水平很高，专门找到秦教授协助他翻译专著。他在来信中说："我拜读了您的科技英语写作书，收获很大。这一段时间以来，我一直关心这方面的书，也陆续买了一些，相比之下，您的书内容简练，切中要害，对提高科技英语写作水平收效最大。"

北京交通大学机械专业李德才教授说："我看到你的书后，才感到什么是真正的科技英语，我要让我的研究生读你的书。"

一名叫杨清凌的同学来电说："秦教授，我是成都信息工程学院的大三学生。进入大三了，接触外文资料和外文论文的机会越来越多，于是，就想阅读关于科技英语的相关教材，但发现市面上大部分教材难以真真切切地贴近'科技'一词，基本都是延续以前英语教材的风格。近期，我阅读了您花费巨大心血编写的《科技英语写作高级教程（第二版）》后，受益良多。在国际学术交流日益频繁的今天，需要这样的书籍来让人们了解他国的先进技术，也将中国的科研成果分享出去。我觉得秦教授算是为中国的科研与外国科研之间开启了一扇越来越宽的门。在此十分感谢秦教授。"

西电外国语学院副院长李长安，1994年考入西电外语系科技英语专业。秦荻辉教授既是他本科期间的科技英语老师，也是他硕士研究生时的导师。说起恩师秦教授及其编写的教材，李长安盛赞道："秦荻辉教授的专著、词典和教材，为我校开创了带有电子信息学科优势的科技英语特色方向和复合型人才培养模式，为国家级一流专业建设指明了方向，也为我校的科技英语教学团队提供了教研材料，为国家级线上一流课程'科技英语语法'、陕西省线上一流课程'科技英语翻译'、西电线上一流课程'科技英语写作'等高水平在线开放课程的开发，奠定了基础。"

秦教授在教学及研究方面治学严谨，追求学术造诣，强调实事求是，坚决反对学术不端；在人才培养方面，他对学生高标准严要求的同时，也一直关心并帮助学生成长；在个人品质方面，他淡泊名利，生活简朴。"秦教授的这些品质一直引导、激励着我，也一直引导、激励着他所指导的每一位学生，一代一代传承下去！"李长安动情地说。

"治学严谨，孜孜不倦，用这8个字来形容秦教授一点也不为过。"西电外国语学院副院长曹志宏说。她于1989年考入西电科技英语专业，秦获辉教授是她本科时的系主任兼科技英语老师，也是她的硕士研究生导师。"秦老师80岁高龄仍笔耕不辍，育人不倦。只要学生有问题，他都会在百忙之中认真查阅资料，尽快答复。桃李不言，下自成蹊，秦老师用他的一言一行、一举一动为我们树立起人生的榜样……"曹志宏说，"在我们周围很难再找到第二位像他这样孜孜不倦、治学严谨的教师。我越来越敬佩秦老师，不管是在治学，还是在做人方面。"

曹志宏还表示："秦教授编写的教材汇集了他多年的研究成果，凝练概括出科技英语写作的文体特征和句式特点，实用性极强，对理工科学生和科研工作者都具有很高的参考价值。多年来，校内外一些理工科研究生和科技人员要向国外期刊投稿，都会找我们科技英语团队来润色。他们也找过学术论文润色中介，但对比后发现，还是我们团队的教师润色后的论文语言更专业、更地道。而这些都是因为我们站在秦老师这位巨人的肩膀上。今后，西电外国语学院科技英语教学团队将再接再厉，不断探索科技英语特色方向的'英语＋专业'复合型人才培养新路径，同时为校内外科研工作者和专家提供高质量的语言服务，助力中国的科技成果走向世界！"

## 笔耕不辍 桃李芳妍

教材是反映教学内容和课程体系的重要载体，是提高教学质量的重要保证。40余载栉风沐雨，40余载笔耕不辍，秦荻辉教授将自己40多年的教学经验和研究成果倾注在一部部专著和教材之中。

经过几十年的努力，他先后编写出西电特有的科技英语教材：《科技英语语法》《科技英语写作》《科技英语阅读教程》，使西电的科技英语专业成为国内名副其实的科技英语专业。其中，《科技英语语法》被教育部评为2007年度普通高等教育精品教材，并向全国高校推荐使用。当时，西电共有三本教材被评为普通高等教育精品教材，另两本分别是樊昌信教授的《通信原理》和梁昌洪教授的《简明微波》。

至今，秦荻辉教授编著的教材总数已多达41部，共计1300余万字。这一部部著作背后，是常人难以做到的自律与辛勤。为了编写教材，他几十年如一日，利用一切可以利用的时间来学习。他阅读了大量的英语科技书刊，无论多忙，每天都坚持至少看20页与科技英语相关的内容，并从中不断地研究、归纳、总结。他将废纸裁成纸条，只要从书刊上看到好的例句，就抄写到纸条上，以便日后编纂教材时使用。这些年，仅纸条，他就抄写了数千张之多。

有一年春节，他将爱人和孩子支到孩子的姥姥家去，自己独自一人在家潜心编写教材，咸菜和馒头就是他聊以充饥的年夜饭。1987年到1988年，他先后编纂了4本科技英语教程及其配套参考书。那时，电脑还没有普及，他需要先写好草稿，然后再誊写到出版社的格子稿纸上。由于任务量繁重，加上常年超负荷工作，誊写完稿子后，秦荻辉教授病倒了，住院治疗了一个月才得以康复出院。

40多年来，他几乎将所有的时间和精力都投入到科技英语的教学、教材编纂和相关研究中，而家里的事他根本无暇顾及，这让他一直觉得对家人亏欠太多。

21世纪初，西电原校长段宝岩院士及西电一些知名教授深感目前没有一本适合科技人员使用的实用词典，现有的科技词典只是词义，没有具体的用法及例句，特别是一些词的特殊用法根本查不到。因此，学校研究后，决定让秦荻辉主持编纂一本词典。该编纂项目获得了国家出版基金50万元的资助。秦荻辉带领他的弟子——西电科技英语团队的李长安、曹志宏、王燕萍、仝文宁、马琪、周正履、任利华、孙玲玲、弥晓华等主要成员，经过10年的辛勤耕耘、不懈努力，终于完成了《实用英汉技术词典》的编纂。我国著名英语专家秦秀白教授对该词典给予高度评价，它也被国家新闻出版总署评为优秀。

后来，由于教育部调整专业，科技英语专业按要求统称为"英语专业"，目前归属外国语学院。

在秦荻辉教授的引领以及西电科技英语团队成员的共同努力下，西电英语专业在40年的建设和发展中充分彰显科技英语特色。在科技英语专业方向上，西电已为国家培养出一批以电子信息技术为背景的科技英语专门人才，他们分布在我国教育、科研、医疗等诸多领域。

知名校友包括（以下信息依据2022年采访资料）：教育部人事司司长何光彩，西南财经大学教授、党委副书记、副校长李永强，西电外国语学院教授、执行院长、教学名师马刚，公安部信息安全等级保护评估中心常务副主任张宇翔，华东师范大学外国语学院教授、院长、教育部高校英语教指委委员杨延宁等。

特色鲜明的西电科技英语课程也已跻身全国一流行列。近年来，西电科技英语学科曾先后获得国家、省市多项重要荣誉：2007年，《科技英语语法》《科技英语写作》被列入"十一五"国家级规划教材；2008年，"科技英语"课程获评"陕西省精品课程"；2014年，科技英语教学团队荣获"陕西省优秀教学团队"；2014年，"科技英语"课程获评"陕西省精品资源共享课"；2019年，"科技英语语法"课程获评"陕西省精品在线开放课"；2020年，"科技英语语法"课程获评"国家级线上一流课程"；2020年，"科技英语翻译"课程获评"陕西省线上一流课程"；2021年，西电英语专业获批"国家级一流专业建设点"。

作为西电外语学科和英语专业的创始人，秦荻辉教授培养和指导了一批如马刚、李长安、曹志宏、王燕萍、全文宁、周正履等留校学生，他们在西电英语专业的建设和发展中均发挥了重要作用。

此外，秦荻辉教授率领他的学生们创建的科技英语课程群（涵盖科技英语语法、科技英语翻译、科技英语写作），自2018年起，先后在中国大学MOOC平台、中国高校外语慕课平台、国家智慧教育高等教育平台等多个国家级主流MOOC平台上线，同时也在中央宣传部"学习强国"平台上线。这进一步提升了西电科技英语课程在全国外语学科中的影响力，对西电外语学科特色成果在全国范围内的推广应用起到了积极的推动作用。科技英语教学中的"西电模式""西电特色"，也备受全国其他高校的青睐。有的高校借鉴西电的模式，采用西电的教材，开办了自己的科技英语专业。

为国易志，60余载矢志不渝。回望自己的一生，谈及最引以为傲的事，秦荻辉教授突然有些激动，他声音略微颤抖地说："我一生最大的骄傲就是带领西电科技英语学科走向了全国第一！其间，我的学生们也作出了很大的贡献。"

谈起对青年教师和学子的期望，秦荻辉教授语重心长地说："希望年轻人首先要爱国，学就一身本领，最终为祖国建设服务；其次要多读书、多钻研，并在读书中善于提炼与总结，这样才能有所进步和建树。"

60余载春华秋实，秦荻辉教授的生命已然与科技英语紧密联系在一起，想必对这门学科钟爱有加，但他却坦诚地说："我不喜欢文科，到现在都不喜欢。但是，既然做了这份工作，就要把它做好！"这就是老一辈西电学人！他们将家国情怀、服务国家重大战略需求的使命感，以及全心全意为人民服务的信念，深深地铭刻进自己的血肉，在波澜壮阔的历史长河中奏响了一首永不褪色的时代赞歌！

"浔阳江头夜送客，枫叶荻花秋瑟瑟。"1000多年前，唐朝诗人白居易在《琵琶行》的开篇，描写了秋日荻花盛开的独特景色。秦荻辉教授和他带领的科技英语教学团队，就如同秋日盛开的荻花一样，灿烂地绽放在共和国科技发展的历史长河中，辉煌夺目，熠熠生辉！

【撰稿：卢红曼（西安电子科技大学档案馆/校史馆/博物馆特约作者）】

## 秦荻辉出版教材一览表

| 序号 | 出版教材名称 | 出版时间 |
|:---:|:---:|:---:|
| 1 | 《英语教程》 | 1975年 |
| 2 | 《科技日语简明教程》 | 1976年 |
| 3 | 《科技英语核心语法与阅读》 | 1985年 |
| 4 | 《科技英语教程（上册）》 | 1987年 |
| 5 | 《〈科技英语教程（上册）〉学习参考书》 | 1987年 |
| 6 | 《科技英语教程（下册）》 | 1988年 |
| 7 | 《〈科技英语教程（下册）〉学习参考书》 | 1988年 |
| 8 | 《科技英语杂文选读》 | 1990年 |
| 9 | 《新编科技英语语法》 | 1990年 |
| 10 | 《新编科技英语语法练习册》 | 1990年 |
| 11 | 《科技英语阅读教程》 | 1993年 |
| 12 | 《大学英语基础语法新编》 | 1993年 |
| 13 | 《科技英语（电子类）》 | 1994年 |
| 14 | 《科技英语阅读教程》 | 1996年 |
| 15 | 《科技英语语法高级教程》 | 1997年 |
| 16 | 《科技英语（电子类）（第二版）》 | 1999年 |
| 17 | 《基础科技英语教程（上册）》 | 1999年 |
| 18 | 《〈基础科技英语教程（上册）〉学习参考书》 | 1999年 |
| 19 | 《基础科技英语教程（下册）》 | 1999年 |
| 20 | 《〈基础科技英语教程（下册）〉学习参考书》 | 1999年 |
| 21 | 《科技英语写作教程》 | 2001年 |
| 22 | 《实用科技英语写作技巧》 | 2001年 |

| 序号 | 出版教材名称 | 出版时间 |
|:---:|:---:|:---:|
| 23 | 《实用科技英语语法精华》 | 2001年 |
| 24 | 《英语听力教程》 | 2002年 |
| 25 | 《科技英语阅读高级教程》 | 2003年 |
| 26 | 《实用科技英语教程》 | 2005年 |
| 27 | 《〈实用科技英语教程〉学习指导》 | 2005年 |
| 28 | 《学术英语写作典型错误详析500例》 | 2007年 |
| 29 | 《科技英语语法》 | 2007年 |
| 30 | 《科技英语语法（教师用书）》 | 2007年 |
| 31 | 《科技英语写作》 | 2007年 |
| 32 | 《科技英语写作（教师用书）》 | 2007年 |
| 33 | 《科技英语（电子类）（第三版）》 | 2008年 |
| 34 | 《精选科技英语阅读教程》 | 2008年 |
| 35 | 《科技英语写作高级教程（第二版）》 | 2011年 |
| 36 | 《电子信息类专业ESP》 | 2012年 |
| 37 | 《实用英汉技术词典》 | 2013年 |
| 38 | 《英语学术论文错误解析》 | 2013年 |
| 39 | 《学术论文写作英语惯用法》 | 2016年 |
| 40 | 《科技英语写作高级教程（第三版）》 | 2019年 |
| 41 | 《精选科技英语写作典型错误分类解析》 | 2021年 |

◀秦荻辉给研究生
授课

◀秦荻辉编著的科技
英语系列教材

▶秦荻辉

▶秦荻辉购买的"灵
格风英语"唱片

◄秦荻辉购买的一套
美国的语法手册

◄秦荻辉的荣誉证书

▶秦荻辉手写教案

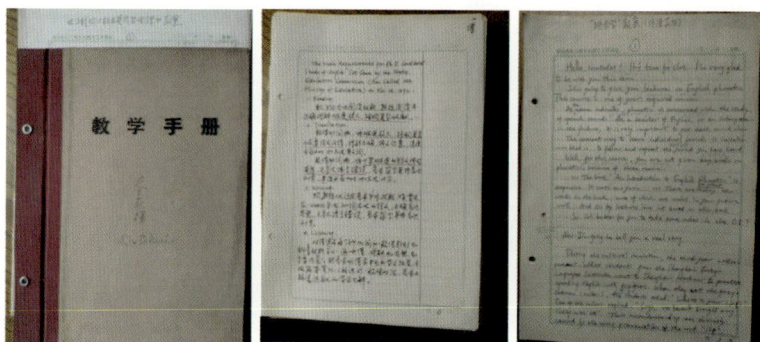

▶秦荻辉使用的磁带，共15盘，供30学时听力课用

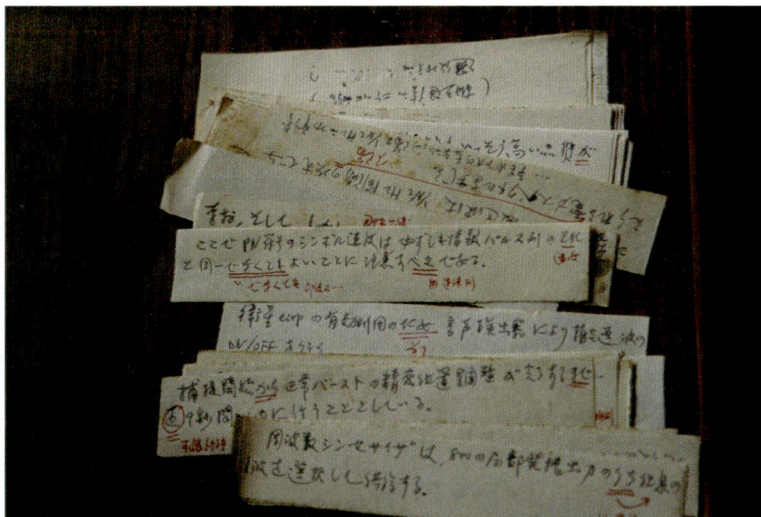

◀秦荻辉在纸条上摘抄的例句

◀科技英语光碟

▶秦荻辉与学生合影

▶科技英语教研团队
（前排左二为秦荻辉）

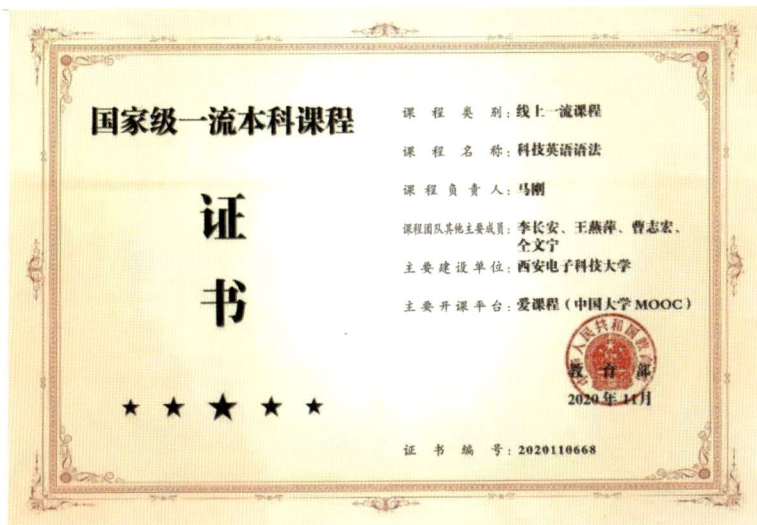

◀ "科技英语语法"
获评国家级一流本科
课程

◀ 现场采访秦荻辉
（左起：杨舒丹、秦
荻辉、卢红曼）

杨颂华

与数字电子技术

作为一名普通的专业基础课教师，杨颂华教授始终但问耕耘，不问收获，将美好的青春年华和人生理想都奉献给了热爱的教育事业，将毕生执教心得倾注于一本又一本优秀教材，为国家培养了无数电子信息领域的优秀人才。

杨颂华，女，1943年7月出生于浙江省杭州市。1966年毕业于中国人民解放军军事电信工程学院（今西安电子科技大学）雷达导航专业。1975年，被调入西北电讯工程学院（今西安电子科技大学）任教；1979年任助教；1982年晋升为讲师；1990年被评为副教授；1999年被评为教授。多次获得省部级、校级优秀教学成果奖，1993年，获国家教育委员会优秀教学成果奖；1996—1999年，先后四次被评为"优秀教师"；曾获电子工业部优秀科研成果二等奖、陕西省电子工业厅优秀科研成果一等奖等多项殊荣。

杨颂华教授长期从事电子技术的教学与科研工作，在学术领域有着深厚的造诣，编写多部教材，其中《数字电子技术基础（第二版）》被评为"十一五"国家级规划教材。杨颂华教授扎实的学术功底、卓越的教学能力和对教育事业的热爱，让她赢得了广泛的赞誉与尊重。她不仅是一位杰出的学者，更是一位深受学生爱戴的优秀教师。

"考研复习时，它是我案头的常备书籍，遇到问题拿来翻一翻，常有醍醐灌顶、豁然开朗的感觉！"

"它是我最熟悉的教材之一，也是我最常用的工具书，在设计电路和编写VHDL代码时常常用到，给予我非常大的帮助。"

"这本书是我非常熟悉和喜爱的一本教材，无论是在考研复试时还是如今在科研学习中，它都是我必备的工具书，使我受益匪浅。"

这些是多位研究生对一本教材的评价。

这本教材自2000年出版以来，在长达20余年的时间里，重印27次，总印量高达14万余册，其第二版还被评为"十一五"国家级规划教材，在全国多所高校广泛使用。

该教材就是由西安电子科技大学电子工程学院杨颂华教授主编的《数字电子技术基础》。


## 结缘西电　病痛中求学

"欲把西湖比西子，淡妆浓抹总相宜。"900多年前，苏东坡在任杭州通判时，看到水光潋滟、碧波万顷的西湖美景写下了千古名篇。杨颂华教授就出生于千百年来被无数文人墨客反复吟咏的浙江杭州。

由于学习成绩优异，1960年，她高中毕业后被保送进当时赫赫有名的中国人民解放军军事电信工程学院（即西军电），就读雷达导航专业。那一年，她17岁。

彼时，西军电刚从张家口搬迁到西安。为了推动国防现代化建设，为全军大力培养电信工程人员，1960年，西军电扩大招生规模，到全国各地遴选了一批优秀学生，杨颂华就是其中之一。

"当时，只听说雷达这个专业保密性极高，我们也不知道是干啥的，据说是学无线电，当时无线电很先进，所以我很高兴，就跟着解放军过来了。"如今已80多岁高龄的杨颂华教授回忆起当年考入西军电的情景依然有些激动，"来到学校后，我们特别兴奋，因为参军了，这是我们很向往的事。"

采访中，杨颂华教授身着一件灰底的白色波点小西装，脸上架着一副细边眼镜，说起话来有南方女性特有的温声细语。虽然已经80多岁高龄，但她精神矍铄，思维敏捷。

然而，当年入学不久，北方干燥的气候就让很多南方学生有些吃不消，杨颂华也一样。上大学后，她经常生病，大学第一年暑假还得了肺结核，住院治疗了一个月。

1962年，西军电将雷达、导航系调往重庆，在重庆分建了"中国人民解放军雷达工程学院"。作为雷达导航专业的学生，杨颂华也前往重庆学习。随着生活环境的再次变化，她的结核病复发了，不久还加重了。她只好休学一学期，住院治疗。

当时，有的南方学生因为气候不适应，选择了退学，但杨颂华没有轻易放弃。这个不爱讲话的南方女孩，有着自己的韧劲。她虽然经常生病，但学习很认真，一门心思只想着好好学知识，因此，学习成绩一直不错，她还经常主动辅导其他同学。

回忆起那段艰难的求学岁月，杨颂华特别感激当时的班主任杜方雄老师。因为肺结核有传染性，所以按规定，她本应退学，这意味着未来可能连工作都没有着落。

然而，杜方雄老师看到她认真的学习态度，就一直关心、鼓励她："好好养病，思想负担不要太重，等你病好了，可以到下一级继续学习。"杜老师还给她寄了很多书供她自学。

艰难困苦，玉汝于成。

就这样，在杜方雄老师的鼓励下，她边住院边自学，等肺结核彻底治好后，她留级到下一年级继续坚持不懈地学习。

"当年西电的那些老师都非常爱惜人才。有的学生虽然身上有缺点，但非常认真努力，老师都很爱护他们。"回忆起当年的班主任，杨颂华教授至今依然很感动。

## 四次获评"优秀教师"

1966年大学毕业时，杨颂华本可像往届学长一样被分配到当时的航天部工作，但因历史原因，一切都被打乱了。她最终被分配到西安阎良红安飞机制造公司设计科工作。在这里，她当过多年钳工和车工，还担任过团委副书记。

每天与工人师傅一起工作，以及担任团委副书记的经历，让原先有点内向、不太爱说话的杨颂华逐渐变得开朗、自信起来，也为她后来走上讲台、面对莘莘学子可以挥洒自如地讲课奠定了基础。

1975年，她被调入西北电讯工程学院二系成为一名教员，主讲电子线路。1982年任讲师后，她曾在206教研室任教。1986年左右，因为课程调整，她又被调入201教研室任教，在"国家级教学名师"孙肖子教授的领导下，主要负责数字电路的课程建设、教材建设和教学改革。

在西电扎根奉献的30年里，杨颂华教授主要讲授"数字电路""微型计算机原理""可编程逻辑器件开发与应用"等专业基础课。1999年退休后，她又被学校返聘，继续在热爱的三尺讲台上发光发热，为莘莘学子授课。

作为一名专业基础课教师，她始终对自己严格要求，认真备课、书写教案。同时，她还密切关注电子技术领域的新方向、新技术。

由于电子线路方面的知识更新迭代速度快，为了给学生们传授最前沿的理论知识，她常常下课后就泡在图书馆里翻阅书籍，查阅最新的学术资料，不断更新补充知识。

在教学方法上，她根据新技术的发展和学生的特点，采用多种教学手段激发学生的学习热情，注重提高学生分析问题、解决问题的能力以及创新能力。

1996年至1999年，她曾先后四次被评为"优秀教师"，深受学生爱戴。

"虽然已经过去20多年了，但杨老师给我们讲课时的场景，却始终清晰地留在我的脑海中。"机电工程学院自动化专业99级4993班的秦明说。他是大二第二学期，即2001年上半年上的杨颂华老师的"数字电路与系统"课。

他对杨老师的课印象十分深刻。"上课铃响杨老师开始讲解，讲课思路十分清晰，知识点讲得清清楚楚；下课铃响讲课结束，干脆利落，一点都不拖泥带水。"秦明说，"我底子差，学得一般，但这门课学得很认真，考了83分。我们班有19人上了90分，考得最高的同学叫谢楷，考了99分，如今已成为空间科学与技术学院的教授。真的很感谢杨老师当年对我们的悉心培养！"

杨颂华教授还多次获得省部级、校级优秀教学成果奖：1993年，"《电子线路》系列课程建设及教学改革"获国家教育委员会优秀教学成果奖；1999年，"电工电子教学基地及教学改革"获校优秀教学成果奖一等奖；2001年，"EDA实验室的建设与教学实践"获校优秀教学成果奖；2003年，"'全方位、立体化、多视角课程教学模式'的研究与实践"获陕西省教学成果奖二等奖。

科研方面，她参加了余雄南教授、孙肖子教授牵头的科研课题，曾先后获得电子工业部优秀科研成果二等奖、陕西省电子工业厅优秀科研成果一等奖、陕西省电子工业厅优秀科研成果三等奖等多项殊荣。

教材是育人的基础，是教师授课、学生学习最基本和最重要的课程资源。优秀的教材是学生泛舟学海、乘风破浪的灯塔。

在30载的教师生涯中，杨颂华教授将很大一部分时间和精力倾注于一本本教材的编写中。她主编和参编的教材主要有：《数字电子技术基础》《电子线路EDA仿真技术》《可编程逻辑器件原理、开发与应用》《实用电子电路手册（数字电路分册）》《电子线路辅导》。

多年来，从每本教材内容的结构、框架、编排方式到基本定律、概念的编写，她始终都认真对待，力求每个定义与公式都严谨、准确，每段内容都对教学有实用价值，每个设计实例都经过实验验证，力求编写出既符合时代要求又具有西电特色的教材。

谈及为何重视教材的编写，杨颂华教授深有感触地说："我所任教的'数字电路''微型计算机原理'等课程，是电子工程、通信工程、计算机、电子技术类专业的主干基础课之一。学生只有将这些课程学好，打牢基础，才能将其他专业课学好，为以后走上工作岗位、从事科研工作奠定坚实的基础。"

优秀的教材对教学可以起到很好的引领和促进作用。

"教材反映的是教学大纲的具体要求，也反映了对人才培养的要求，它凸显的是这门课程内容的重点，同时反映了专业发展的新趋势。"杨颂华教授说，"既然让我担任数字电路的教师，让我编写教材，那我就要把这个工作做好。"

## 编写"数字电路"课程教材

《数字电路与系统》是一本有着淡蓝色封皮的讲义，虽然没有正式出版，只在校内使用过，但对杨颂华而言，有着特殊的意义，这是她主编的第一本比较完善的教材。对于这本讲义，她倾注了无数的心血，就像她悉心孕育的第一个孩子一样。

这本讲义是1996年由杨颂华牵头，孙万蓉、刘刚共同参与编写的。它的编写起源，也见证了杨颂华的成长过程。

1979年，当时还是一名年轻助教的杨颂华曾跟随强伯涵老师，使用英文教材为77级、78级电磁场专业的学生进行"电子线路"（含模拟电子技术、数字电路、高频电子线路三门课）的双语教学。

作为助教，每次课后，她要辅导学生，给学生答疑并批改全部作业，因此，她必须通读理解教材原文并做出全部习题的答案。通过辅导学生，她对国外电子技术发展的新动态以及电子线路各门课程前后衔接的关系，都有了更深入的了解，教学能力也得到了进一步提高。

1982年担任讲师后，她为学生讲授"数字电路""微机原理"等课程，陆续使用过当时清华大学、北京邮电学院（今北京邮电大学）、南京航空学院（今南京航空航天大学）等国内知名理工类高校编写的教材。当时，西电还没有本校的"数字电路"课程教材。

但是，每换一种教材，教师就得重新熟悉教材，并做完里面的习题，工作量比较大。而且，每种教材内容深浅不一，风格也不同，有的教材还存在部分内容过于深奥、烦琐的问题。

同时，由于多年使用知名高校的教材，杨颂华和其他老师也积累了很多心得体会。加之当时学校搞教学改革，她通过在"数字电路"课实验室指导学生进行数字系统设计，积累了很多实验教学经验。

于是，通过对比国内外教材并结合本校的教学特点，她与其他老师逐渐萌发了编写本校"数字电路"课程教材的想法。

1988年，她参编了余雄南老师主编的《数字电路与系统》教材，并由西安电子科技大学出版社出版。但这本教材因为比较深奥等原因，不太适合本科生使用，使用几年后就没再用了。

1996年，在总结国内外几种主要版本教材并结合多年教学经验的基础上，杨颂华牵头，与孙万蓉、刘刚共同编写了讲义《数字电路与系统》。

这本讲义在编写时既注重对数字电路基本理论、概念、方法的阐述，又考虑到实际应用和当前数字技术迅速发展的需要。在内容的选取和安排上，删除了许多陈旧和烦琐的内容，增加了一些新内容和比较实用的新方法，比如，增加了系统设计的内容，介绍了当时已广泛应用的可编程逻辑器件。此外，讲义中还有较多的应用实例，提高了内容的先进性和实用性。在叙述风格上，这本讲义语言简练、深入浅出、可读性好，深受学生喜爱，对相关课程的教学起到了良好的引领和促进作用。

除这本讲义外，1987年，杨颂华还与李万宏老师合编了"中大规模集成电路及其应用"选修课的讲义；1992年，受国家教育委员会重托，她参编了《实用电子电路手册（数字电路分册）》，该教材由高等教育出版社出版，主编为西安交通大学张端老师。

杨颂华主编的影响力最大的一本教材，当属《数字电子技术基础》。这本教材的编写与"国家电工电子教学基地"在西电的落成密切相关。

20世纪60年代以来，数字集成电路经历了从小规模、中规模、大规模到超大规模的发展过程。20世纪90年代以后，由于新技术、新工具不断出现，电子系统设计发生了重大的变化，因此，让学生熟练掌握并应用电子设计自动化（EDA）技术，成为高校教学改革的重要方向。1997年，孙肖子教授向国家教育委员会成功申请在西电建立"国家电工电子教学基地"，并成立了"电子设计自动化（EDA）实验室"。

据悉，当年"国家电工电子教学基地"全国只批准了8个，西安有2个，其中之一在西安电子科技大学，另一个在西安交通大学。

基地获批后，受孙肖子教授委派，杨颂华赴北京参加了相关会议。会上，美国AMD公司向全国8个教学基地捐赠了"可编程逻辑器件（CPLD）及编程套件"，西电获赠了两套。

之后，EDA实验室向全校开设了"可编程逻辑器件开发与应用"选修实验课。这门实验课的内容主要是让学生采用CPLD或FPGA芯片实现数字系统设计。

选修实验课开设后，深受学生欢迎，上课的学生特别多。但美国AMD公司只捐赠了两套套件，再加上Altera、Xilinx以及Lattice公司捐赠的几套编程套件，也远不能满足学生做实验的需求，因为学生设计系统时首先要在软件平台上进行编译、仿真，然后将编程文件对可编程逻辑器件进行下载，再进行实际测试验证，而这一过程经常要等候很长时间。

面对这样的条件和困境，杨颂华和郭万有、任爱峰、赵曙光老师决心研究编程套件。他们在上课之余加班加点，将套件下载电缆的盒子拆开，查看里面的电路，并绘制电路图。

经过不懈的努力，老师们最终完成了下载电缆和编程实验板的研究工作，成功做出了近30套编程板和下载电缆，可供实验室的每台计算机配套使用，满足了学生们的实验需求。

与此同时，大家利用业余时间将应用实例汇集起来，迅速编写了《高密度可编程逻辑开发指南》《ISP Synario System操作说明》讲义，供教学使用；还利用EDA工具和仿真软件制作了CAI课件，进一步提升了EDA课程的教学效果。

通过学习这门选修课，学生们亲身体会到了EDA工具给电子设计带来的深刻变化。它不仅解决了用传统方法设计时的诸多不便，提高了设计效率，还使设计出的电路系统速度快、体积小、功耗低、稳定性高，检测也更加方便。因此，学生们的学习兴趣愈加浓厚，系统分析及设计能力都得到了提高，参加全国大学生电子设计竞赛获奖的人数也不断增加。

编程套件的仿制成功和EDA实践教学的不断完善，也为杨颂华后续编写教材奠定了基础。

## 不可多得的一本好教材

"国家电工电子教学基地"获批后，除了要整合专业基础课，还要进行教学改革和教材建设，以培养出更多电子信息领域的创新型人才。

为此，在孙肖子教授的倡议、组织和悉心指导下，2000年，杨颂华教授作为主编，与孙万蓉老师以及通信工程学院的冯毛官、胡力山老师一起编写了《数字电子技术基础》。

同时，由于"可编程逻辑器件开发与应用"选修课面向全校开放，在成功仿制编程板和下载电缆的基础上，赵曙光老师作为主编，与杨颂华教授、郭万有老师一起编写了《可编程逻辑器件原理、开发与应用》，以此作为这门选修课的配套教材。

这两本教材均获得了2001年校优秀教材二等奖。同时，西电EDA实验室的教学实践经验和编程实验套件在西安高校得到推广，这两本教材也在西电及外校被广泛使用。

2004年，由孙肖子教授牵头指导的"数字电路与系统"课程被评为"国家级精品课程"。这两本教材的出版、各种CAI课件的制作、EDA实验室的建设与教学实践经验的积累，以及课程团队老师的努力付出，都为这门"国家级精品课程"的申报成功发挥了重要作用。

2006年，杨颂华教授主编的《数字电子技术基础》被批准为普通高等教育"十一五"国家级规划教材。

2009年，杨颂华教授和参编老师们在《数字电子技术基础》第一版的基础上，根据教学改革的需要，并结合多年教学经验，修订出版了该教材的第二版及教学指导配套书。相比第一版，第二版新增了"VHDL硬件描述语言简介"和"VHDL数字系统设计实例"两章内容，使教材内容更具先进性。

在编写第二版教材时，对于如何介绍和编排VHDL硬件描述语言的内容，杨颂华教授与参编老师们进行了反复探讨。

"每种标准硬件描述语言都有一套完整的语法体系。"杨颂华教授介绍。经过反复讨论，为方便初学者阅读以及教师在教学中实施，第二版将"VHDL硬件描述语言简介"单独列为一章。在教学中，教师可以根据需要，选择将相关内容与前面的章节融合在一起讲解，也可以单独讲解。

同时，为了使学生有效地把握VHDL硬件描述语言的主干和核心内容，第二版主要通过介绍典型单元电路和典型数字系统设计实例来帮助学生理解硬件描述语言的语法含义。所有实例都经过了上机调试，并给出了仿真波形，便于学生学习。

第二版教材编写团队的师资实力也进一步增强。团队成员孙万蓉、初秀琴老师具有多年科研和教学经验。孙万蓉老师是"数字电路与系统设计——国家级精品课程"的负责人，在精品课程建设方面成绩突出。

原通信工程学院的冯毛官老师曾多次指导学生参加全国大学生电子设计竞赛并获一等奖，科研教学经验也很丰富。西安电子科技大学出版社的责任编辑云立实老师和质检部李惠萍老师工作非常认真细致，使教材质量进一步提升，因此，第二版被选为普通高校"十一五"国家级规划教材，出版后得到了广泛使用，多次重印。

2014年至2017年，杨颂华教授被聘为电子工程学院教学督导。作为教学督导，因为要经常去听课，她重新站在学生的角度审视教材的内容和质量。经过与学生、年轻教师的广泛交谈后，她又有了很多心得，于是针对教与学中存在的问题，对第二版教材局部内容进行了修改和调整，于2016年出版了第三版。第三版的修订有以下特点：

一是进一步整合硬件电路的描述方法，重点突出典型硬件模块的结构特点、外部控制端规律、状态变化规律及信号之间的时序关系，删减了对集成电路内部结构的分析过程，从而更好地与硬件描述语言和系统设计部分内容衔接。

二是为了帮助学生尽快入门VHDL，在基础典型模块分析中，充分利用EDA工具增加时序波形的分析实例，增强学生运用工具进行自主学习的能力。

第三版相关的教学指导配套书随后出版，指导书中对学生在学习过程中遇到的问题进行了归纳、总结和提炼，许多习题给出了仿真波形的分析结果。实际使用后，学生自主运用EDA工具进行分析、设计的能力明显提高。因此，第三版出版后，西电及其他高校至今仍在使用。

杨颂华教授主编的《数字电子技术基础》教材出版后，20余年来，受到很多教师和学生的认可与好评。

曾任西电二系副主任、十二系主任的张平教授评价道："这本教材很适合电子工程、通信工程、计算机类本科生使用。其内容深入浅出，便于阅读和自学，例题、习题分量足，质量还很高，有助于扎实学习理论知识并灵活运用。同时，教材介绍了典型实例、系统实例及工程实践中常用的分析、设计方法，能对学生起到很好的引导作用，有助于学生提高解决实际问题的能力。"

在很多教师看来，这本教材在编排上重点突出，前后照应；在内容选取上，不但重视基本理论、基本概念、基本方法，还介绍了数字技术发展中出现的新概念、新器件、新方法。

"这是国内不可多得的一本好教材！"曾为西电201教研室"数字电路"课教师的黄力宇教授使用该教材后深有感触。他认为，该教材在借鉴国内外同类教材的基础上，采用了通俗易懂的语言，内容编排由浅入深，循序渐进，层层展开，内容系统完整、实例丰富、配套齐全。

电子与通信工程专业2006级研究生杨子峰评价说："这本教材讲解浅显易懂，知识点分布合理，由浅入深，由易到难，使我对数字电路产生了学习兴趣。感谢老师们的辛勤付出，为我们带来了如此精彩的教材！"

"本科时我学了这本教材的第一版，考研时用的第二版。"2009级研究生陈梓馥说，"相比第一版，第二版增加了VHDL及系统介绍，这部分内容如同为我打开了一扇新的大门。在设计数字电路和编写VHDL代码时，我常常用到这本教材，它给了我非常大的帮助。"

2010级研究生贾海龙说，从他考研时第一次接触这本教材的内容，到如今逐渐建立起专业思维，很大程度上得益于这本教材脉络清晰的章节编排和深入浅出的知识讲解。

"仅就这一点，就足见作者肯定是长期奋斗在教学第一线，且深谙学生知识背景和学习习惯的优秀教师！"贾海龙感触地说。

## 年逾古稀 笔耕不辍

那么，在编写这些教材的过程中，杨颂华教授又有哪些不为人知的努力与付出呢？

杨颂华教授介绍说，在编写西电自己的教材时，编写团队借鉴、吸收了教学中使用过的众多国内外知名高校的优秀教材，同时，总结并融入了西电教师自己的教学和科研经验，为此投入了很多时间与精力。

在编写《数字电子技术基础》时，她和参编老师们经常上完课就泡在图书馆或埋首于教研室查阅资料、编写教材。寒暑假时，大家也很少休息，不是在做科研，就是在编写教材。

最耗费心力和时间的要数统稿。作为主编，她要对不同老师的文风进行统一，还要与参编老师们沟通，对部分内容进行删改。在编写一些定义、概念、定律时，更要秉承准确、简洁、严谨等准则，严格把关、修改，不能有丝毫马虎。

2016年编写《数字电子技术基础（第三版）》时，杨颂华教授已73岁高龄。年逾古稀，她的眼睛出现了"黄斑裂孔"。这种眼疾让她原本近视的眼睛视力更为下降，看书查资料要借助放大镜，看一会儿就得休息一会儿；写字时，写几行就看不清，字不知不觉越写越大；在电脑上敲文字时，字号要调得很大才行，敲字的速度也迟缓了很多。

但就在这样的情况下，73岁高龄的杨颂华教授因在担任教学督导期间产生了很多心得体会而决定对教材进行修订，常常在电脑前一工作就是大半天。虽然修订的工作量不大，但也耗费了她不少心力。

"不要人夸好颜色，只留清气满乾坤。"从17岁时心怀崇敬奔赴西军电的怀抱，到32岁执鞭任教，杨颂华教授在西电学习、工作、生活了大半生。作为一名普通的专业基础课教师，她始终但问耕耘，不问收获，将美好的青春年华和人生理想都奉献给了热爱的教育事业，将毕生执教心得倾注于一本又一本优秀教材，为国家培养了无数电子信息领域的优秀人才。

如今，杨颂华教授虽然已远离教学岗位多年，但仍心系西电，关心着学校的发展和师生的成长。这位耄耋老人语重心长、情真意切，寄语学校青年教师与年轻学子：

"希望年轻教师明确目标，发挥自身特长，努力工作，为学校和国家多做一些力所能及的事，在科研教学上多出成果！

"以前，西电有很多学生将学校的石凳作为桌子，利用一切时间刻苦学习，因此在高校中有'学在西电'的美名。希望年轻学子能继续秉承西电的优良学风，艰苦朴素，努力学习！同时，大家也要注意学习方法的改进，在学教材之余，多看参考书。在学校不要怕吃苦，要打好基础，将来走上工作岗位才能得心应手，才能为国家发展作出更大的贡献！"

【撰稿：卢红曼（西安电子科技大学档案馆/校史馆/博物馆特约作者）】

## 杨颂华出版教材一览表

| 序号 | 出版教材名称 | 出版时间 |
|:---:|:---:|:---:|
| 1 | 《实用电子电路手册（数字电路分册）》 | 1992年 |
| 2 | 《数字电子技术基础》 | 2000年 |
| 3 | 《可编程逻辑器件原理、开发与应用》 | 2001年 |
| 4 | 《电子线路辅导》 | 2001年 |
| 5 | 《可编程逻辑器件原理、开发与应用（第二版）》 | 2006年 |
| 6 | 《电子线路EDA仿真技术》 | 2008年 |
| 7 | 《数字电子技术基础（第二版）》 | 2009年 |
| 8 | 《数字电子技术基础（第三版）》 | 2016年 |

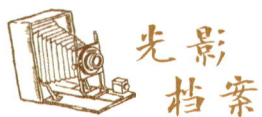

▶《数字电子技术基础（第三版）》

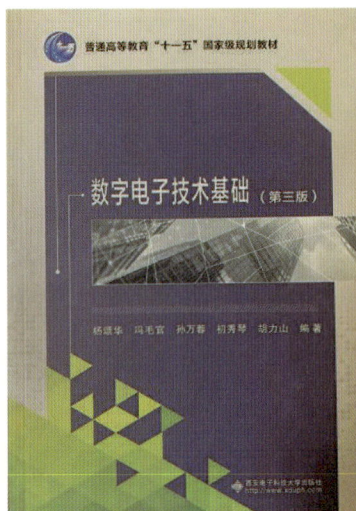

▶ 1995 年，杨颂华与毕业生合影（第一排左起第三位为杨颂华）

◀ 1991 年，杨颂华
科研项目"人机界面
功效研究"验收完毕
留影

为表彰在促进科学技
术进步工作中做出贡献，
特颁发此证书，以资鼓励。

获奖项目：电子系统中人机界面
信息技术研究

奖励日期：一九九二年十二月

奖励等级：二等

证书号：920934

主要完成者：杨颂华

中华人民共和国
机械电子工业部

◀ 1992 年，"电子
系统中人机界面信息
技术研究"获电子工
业部科学技术进步奖
二等奖

▶ 1993 年，杨颂华
在实验室留影

▶ 1993 年，"《电
子线路》系列课程建
设及教学改革"获国
家教育委员会优秀教
学成果奖二等奖

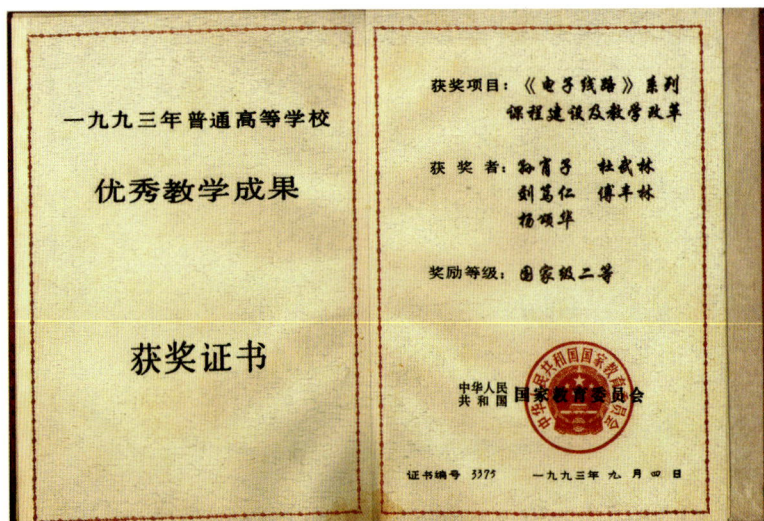

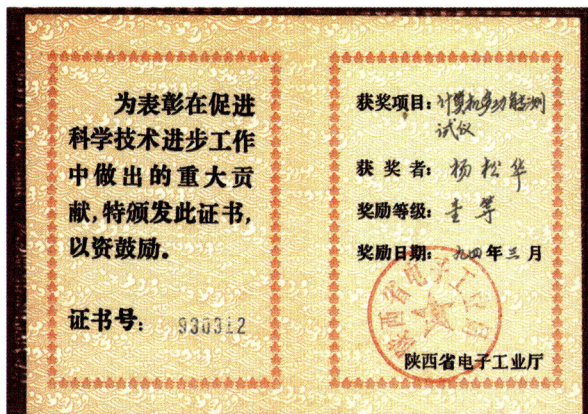

◄ 1994 年，"计算机多功能测试仪"获陕西省电子工业厅科技成果一等奖

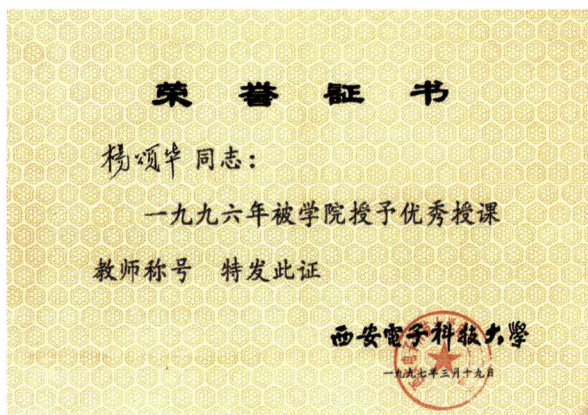

◄ 1997 年，杨颂华获"优秀授课教师"称号

◄ 1997 年，EDA 实验室制作的编程板

▶ 1998 年,《数字
电路与系统》获校优
秀讲义三等奖

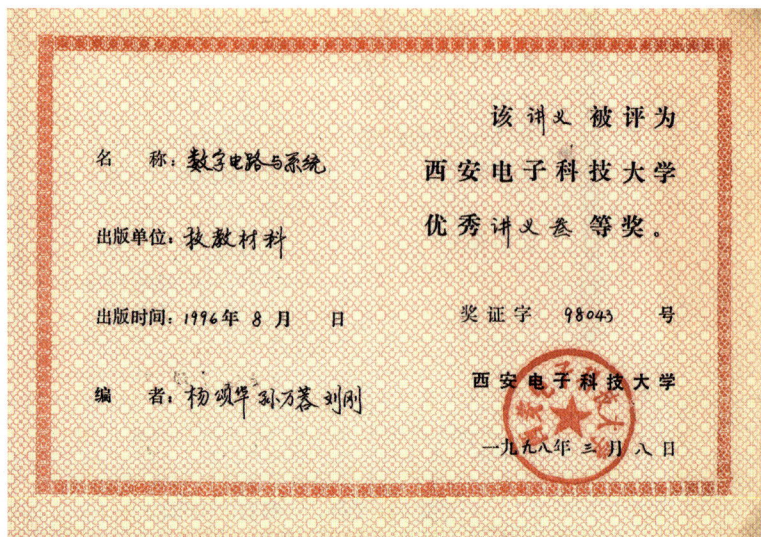

▶ 1998 年,杨颂华获
校"优秀教师"称号

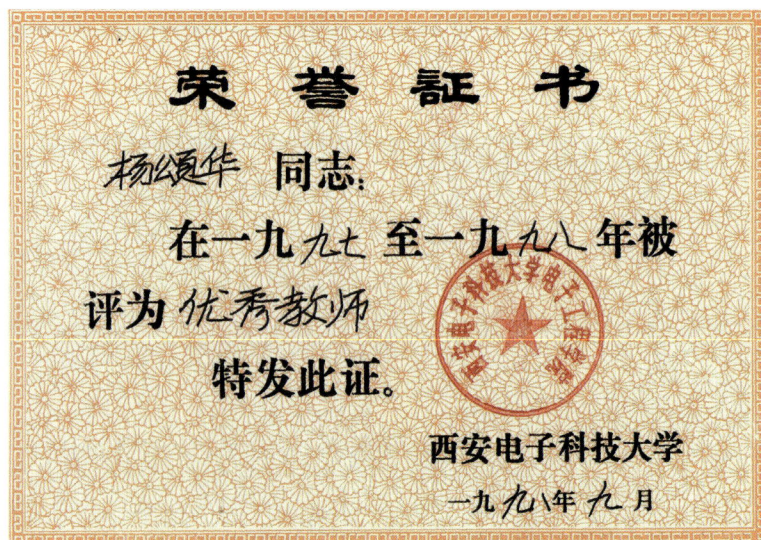

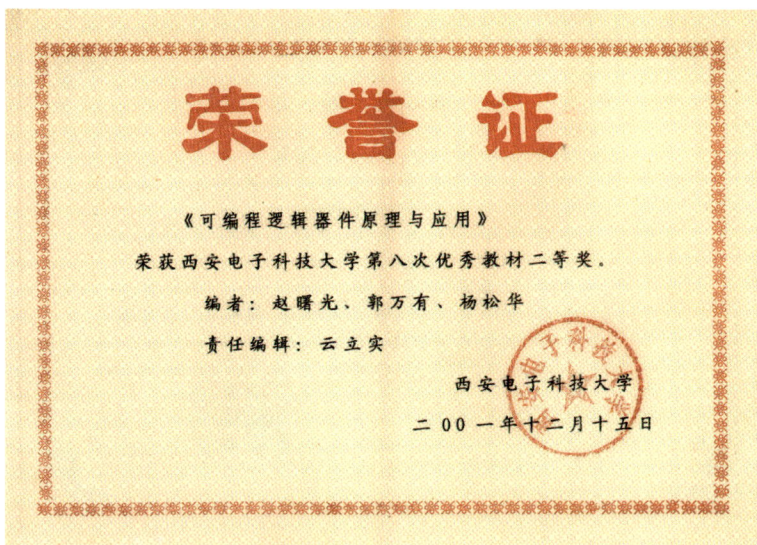

◀ 2001 年，杨颂华
参编的教材获校优秀
教材二等奖

荣 誉 证

《可编程逻辑器件原理与应用》
荣获西安电子科技大学第八次优秀教材二等奖。
编者：赵曙光、郭万有、杨松华
责任编辑：云立实
西安电子科技大学
二○○一年十二月十五日

◀ 2001 年，《数字
电子技术基础》获校
优秀教材二等奖

荣 誉 证

《数字电子技术基础》
荣获西安电子科技大学第八次优秀教材二等奖。
编者：杨松华、冯毛官、孙万蓉、胡力山
责任编辑：云立实、孙雪姝
西安电子科技大学
二○○一年十二月十五日

▶ 2003 年，"'全方位、立体化、多视角课程教学模式'的研究与实践"获陕西省教学成果奖二等奖

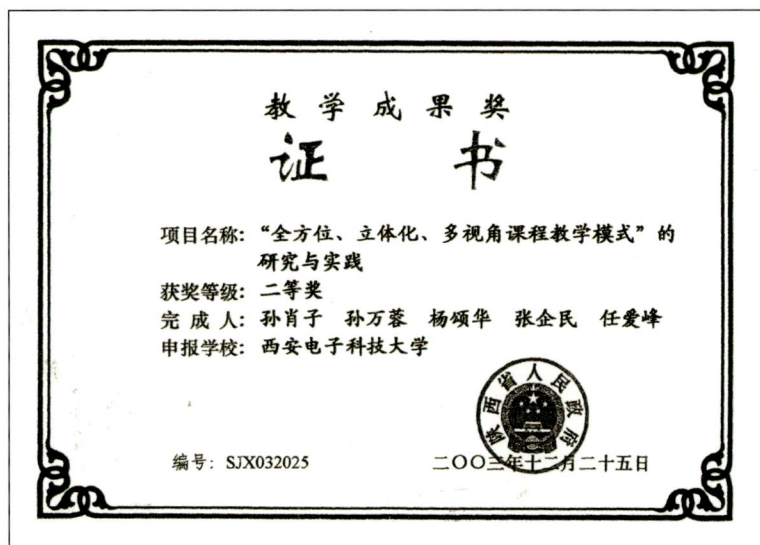

教 学 成 果 奖
证　　书

项目名称："全方位、立体化、多视角课程教学模式"的研究与实践
获奖等级：二等奖
完 成 人：孙肖子　孙万蓉　杨颂华　张企民　任爱峰
申报学校：西安电子科技大学

编号：SJX032025　　　　二〇〇三年十二月二十五日

▶国家电工电子教学基地 EDA 实验室

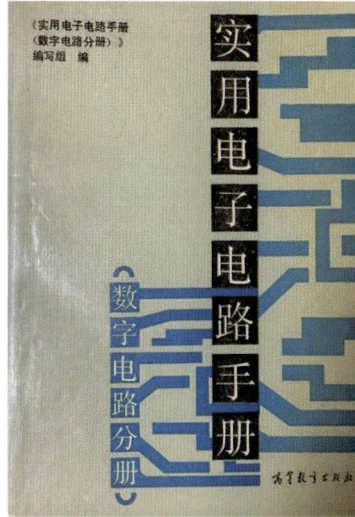

◀《数字电路与系统》

◀《实用电子电路手册（数字电路分册）》

◀国家电工电子教学基地第二届 EDA 研讨会留影（第一排右起第五位为杨颂华）

▶《数字电子技术基础》

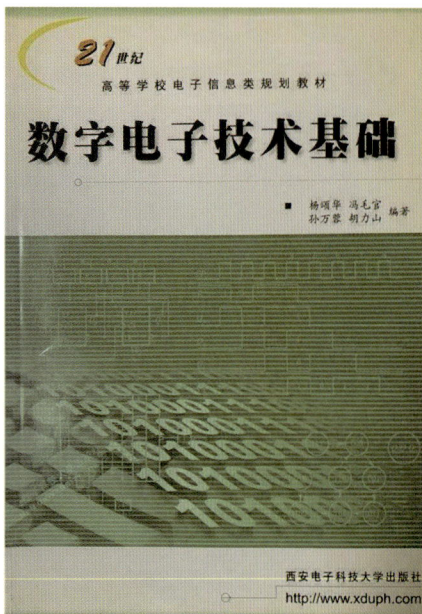

▶《可编程逻辑器件原理、开发与应用》

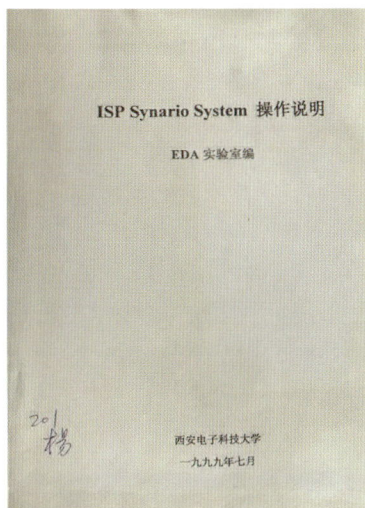

ISP Synario System 操作说明

EDA 实验室编

西安电子科技大学
一九九九年七月

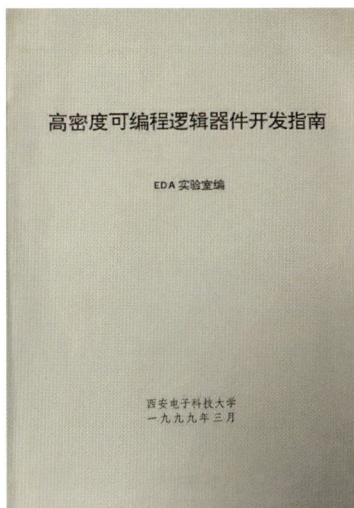

高密度可编程逻辑器件开发指南

EDA 实验室编

西安电子科技大学
一九九九年三月

◄《ISP Synario System 操作说明》

◄《高密度可编程逻辑器件开发指南》

普通高等教育"十一五"国家级规划教材

数字电子技术基础
（第二版）

杨颂华　冯毛官　孙万蓉　编著
初秀琴　胡力山

西安电子科技大学出版社
http://www.xduph.com

◄《数字电子技术基础（第二版）》

► 2011 年，《数字电子技术基础（第二版）》获校优秀教材二等奖

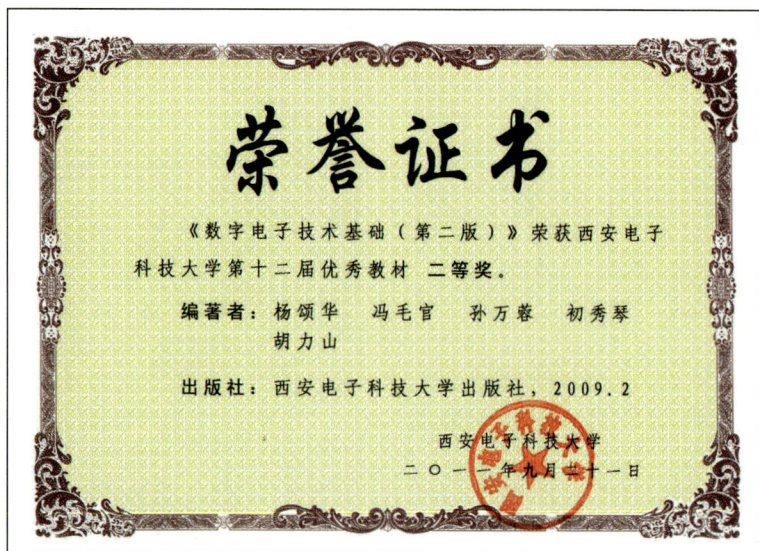

# 荣誉证书

《数字电子技术基础（第二版）》荣获西安电子科技大学第十二届优秀教材 二等奖．

编著者：杨颂华　冯毛官　孙万蓉　初秀琴
胡力山

出版社：西安电子科技大学出版社，2009.2

西安电子科技大学
二○一一年九月二十一日

►《电子线路 EDA 仿真技术》

►《数字电路与系统》讲义

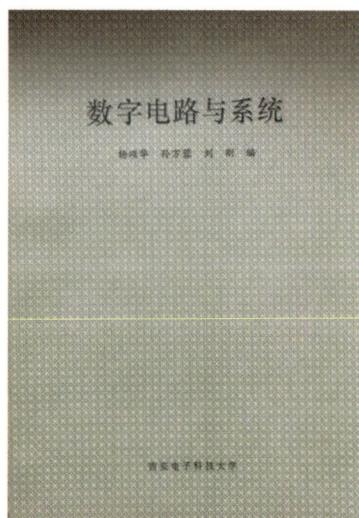

21世纪应用型本科系列教材

# 电子线路EDA仿真技术

杨颂华　初秀琴　张秀芳　沈燕桦 编著
孙肖子 审

西安交通大学出版社

# 数字电路与系统

杨颂华　孙万蓉　刘 帆 编

西安电子科技大学

◀杨颂华近照

◀杨颂华与采访小组
合影（左起：强薇、
杨颂华、卢红曼）

梁昌洪

与计算微波

《计算微波》是梁昌洪的发轫之作，1987 年获得国家教育委员会科学技术进步奖，1988 年荣获首届全国优秀教材奖。2012 年《计算微波》手稿作为『典藏版』出版，全书共 63 万字、935 页，字迹工整清晰，书中的插画都由梁昌洪一笔一画亲自完成，精致严谨，震撼人心。

梁昌洪，男，1943年12月出生于上海。1965年毕业于中国人民解放军军事电信工程学院（今西安电子科技大学）无线电物理系；1967年7月留校任教；1979年任讲师；1980—1982年在美国纽约Syracuse大学做访问学者；1986年晋升为教授，同年，破格晋升为博士生导师；1992—2002年，任西安电子科技大学校长。曾任IEEE高级会员、中国电子学会学士、天线与微波国防重点实验室学术委员会主任、总装备部科技委兼职委员、国务院学科评议组组长、国家奖评委等职务。先后获得省部级科技奖、教学奖十余项；1985年荣获全国人民教师奖章；1987年被评为全国电子工业劳动模范；1988年获"国家有突出贡献专家"称号；2003年获首届"国家级教学名师"称号；讲授的"微波技术基础"被评为首届"国家级精品课程"。

梁昌洪教授治学严谨、学识渊博，长期从事微波领域的前沿科学研究，取得了丰硕成果，在计算微波、非线性电磁学、微波网络理论方面的成果尤为突出。

追风赶月莫停留，平芜尽处是春山。

梁昌洪教授在西电极具知名度。这种知名度，不仅来自他的科研成就，更来自他的教学成果和富有个人特色的板书以及难能可贵的文理兼通、多才多艺。

自1960年踏入西电校门，梁昌洪教授便一直在微波和电磁领域躬耕。他在微波和电磁领域的研究取得了一系列创新性成果，在计算微波、非线性电磁学、微波网络理论及其在重大微波工程实践中的应用等方面的研究尤为突出。

从青春年少走入耄耋之年，梁昌洪教授笔耕不辍，以德而耕。他的笔尖，流淌出的是熠熠闪光的学问，是造福后人的精神财富。

他重视著书立说，出版了科学专著、经典教材、科普读物和科学精神探索读物等著作。其中，《计算微波》获得国家教育委员会科学技术进步奖二等奖、首届全国优秀教材奖。

《计算微波》是梁昌洪教授的发轫之作，写于20世纪80年代，首版于1985年发行。2012年，《计算微波》手稿典藏版由西安电子科技大学出版社出版，是留给后人的一笔宝贵财富。梁昌洪教授的手稿字迹俊秀，图文并茂，简洁清晰，其用功之深，令人惊叹。近千页的专著，字字闪烁着他思维的光芒，是微波领域在纸张上的映射，仿佛在向我们诉说着梁教授与它的半生之缘。

## 异国求学　披甲铸剑

云程发轫，干霄凌云。

梁昌洪的人生，在奋进中闪光，在前行中生辉。

1943年12月，梁昌洪生于上海。由于父亲早逝，幼年的梁昌洪生活极为清苦。1958年，梁昌洪初中毕业，考入当时上海最有名的上海中学。1960年高中毕业时，中国人民解放军军事电信工程学院到上海招生，梁昌洪被保送入学。从此，梁昌洪与西安结缘，西安成为他的第二故乡。

1967年7月，梁昌洪研究生毕业，留校任教。1970年至1975年，他一直潜心从事科研工作，并在"海用381相控阵雷达"工程中取得了傲人成绩。该雷达达到当时的国际先进水平，后来还获得了国家科学技术进步奖三等奖。

1975年，学院招收了一批工农兵学员。时任"微波网络"课程主讲老师的吴万春教授正好缺一名助理老师，读过研究生、搞过科研的梁昌洪成为最佳人选。

当时，梁昌洪的授课经验尚不丰富。当这项任务落在他的肩上时，他立即请教吴万春教授，重新以"学生"的姿态，学习如何向学生传授知识。就这样，梁昌洪边听课边讲课，边学习边实践，逐渐领悟到了上课的门道。

"之前搞科研的那段经历，对我的影响实在是太大了，特别是对后来当老师。"梁昌洪感慨地回忆，"搞科研时我参与的是相控阵雷达项目，经常接触工人师傅，要告诉他们怎么做微波元件，电磁波怎么走，为什么会反射，等等，而工人师傅的文化水平相对较低，讲得太深他们就不懂。"

为此，梁昌洪费了不少心思，逐渐学会用最浅显的语言把深奥的原理讲出来。他把这个方法运用到教学中，立即有了很好的效果。"生动活泼、通俗易懂"成为他此后教学生涯中一以贯之的原则。

正如莎士比亚所言："一定是实践和实际的人生经验教给了他这些高深的理论。"从实际生活中汲取的学问和经验，在潜移默化中影响着他的工作与治学之道，唯有知之愈明，方可行之愈笃。

1980年8月，梁昌洪作为国家第一批留学生，到美国Syracuse大学做访问学者。鳞次栉比的高楼大厦和先进发达的技术成果，似一把把利刃，刺痛了梁昌洪的心。他深切感受到中国在科学技术上与发达国家之间的差距，于是奋发向上，埋头钻研。

刚到校，他的导师、著名美籍华人学者郑钧教授交给他一份研究报告，说道："这是一篇博士论文，研究的是核爆炸时产生的电磁脉冲对核武器库、计算机或飞行器等设施及设备内部的影响，你先看看，以后逐步接触新课题。"郑钧教授还含蓄地表示，这一过程至少要半年。

梁昌洪一回到寓所，就埋头钻研起来。几个星期后，梁昌洪请郑教授看他的研究报告。郑教授看后大为惊异，梁昌洪不仅弄清了论文中所涉及的大量理论问题，而且纠正了其中一些含混不清的概念，还对文中的一个重要命题重新论证，使原来没有解决的时谐问题有了令人满意的答案。

郑教授非常高兴，当即调整了计划，积极为梁昌洪申请研究经费，热情指导他在电磁场、微波、天线等领域进行更广、更深的探索。梁昌洪更是惜时如金，废寝忘食地工作、学习，不断取得突破性进展，两年内在IEEE杂志发表了9篇论文，在国际学术会议上发表了2篇论文。

梁昌洪发现的带孔腔存在的两类不同谐振和解决不同区域小孔耦合

问题的新方法，以及在计算机解决天线及其阵列最优化方面所取得的成绩，被郑钧、柯林等著名学者认定为当时的先进成果。

回忆起这段留学经历，梁昌洪直言："有差距并不可怕，我们与发达国家的技术差距毕竟是客观存在的，冰冻三尺非一日之寒，但也要坚信，只要有时间和耐心，埋头苦干，我们就一定能够赶上！毛泽东主席讲过，要正确处理矛盾关系。梦想要一帆风顺，只能是靠努力，踏踏实实，几代人共同努力。"

1982年8月，梁昌洪进修学习期满。他婉言谢绝了美方的一再挽留，带着两年辛勤劳动的成果和一腔报效祖国的热望回到了西安。他笑着说："我作为第一批留学人员，在当时比较出名。后来美方让我留下，我毫不犹豫地回国了。这个决定，我不后悔。"

## 专注微波　填补领域空白

在美国留学期间，国外计算机技术蓬勃发展。发达国家微波器件的设计已经普遍计算机化了，而我国依然依靠繁重的人工手段，不仅费时费力，精度还低。这令梁昌洪心急不已。他决定在西电开设"计算微波"这门课程。

当时国内并没有"计算微波"这一概念，微波技术和计算机技术完全是分隔开的。由于他首次公开提出"计算微波"这一概念，这门课的开设如一声惊雷，在学术界引起轰动，深刻改变了我国计算微波领域的发展进程。

梁昌洪首先需要做的，是编写讲义。长期以来，我国传统的微波技术和微波工程书籍都涉及广泛的数学基础知识和繁复的运算，书中包含了大量的曲线和图表，以供设计师查阅。然而在实际应用中，由于参数的迭代或精度等问题，这些曲线和图表常常不能满足要求。关于计算微波的著作并不多，可提供的参考与借鉴也十分有限，一切都要从零开始。

由于教学、科研任务重，时间紧，写书只能见缝插针。1984年暑假，梁昌洪闭门谢客，全身心投入写作。三伏天，他身居五楼，就像泡在澡堂里一般，又闷又热，一抬胳膊，桌子上就是两条濡湿的印迹。他垫上两块毛巾，只管写。胳膊发麻了，手腕发僵了，他活动活动，继续写；他的手指磨出了泡，血泡变成了茧；他四次修改书稿，八开纸的手稿有半尺厚。

1985年10月，由梁昌洪撰写的国内第一本计算机与微波相结合的专著《计算微波》出版问世，立即受到我国著名学者叶培大、林为干等人的重视与好评。叶教授还亲自为该书作了序，他在序言中写道："本书作者试图以统一的观点，把计算机技术和微波结合起来，较全面地介绍'计算微波'的理论基础及其应用。书中备有相当数量的计算程序，以期在某种程度上用软件部分取代目前的曲线和图表。这一努力无疑会对国内这方面教材的更新起到一定的促进作用。"

1987年，《计算微波》获得国家教育委员会科学技术进步奖二等奖，次年又荣获首届全国优秀教材奖。2012年，西安电子科技大学出版社将他撰写《计算微波》时的手写稿作为"典藏版"出版。全书共63万字、935页，字迹工整清晰，书中的插画都由梁昌洪一笔一画亲自完成，精致严谨，震撼人心，极大地帮助了学子们理解专业课程。

## 板书启迪学生智慧

谈起手稿中栩栩如生、生动有趣的插画，又是一段别样的故事。梁昌洪从小喜欢绘画，长大以后，他成为一名高校教师，从事理工科的科研和教学工作。没想到，无心练就的童子功竟能在工作中派上用场。

他的教案和笔记，字迹整洁、插画生动、内容前沿且实用，不仅在校内外备受赞赏，甚至远播海外，广为流传。他的手绘插画堪称一绝，不仅画得细致入微，而且极具设计感，对教学活动助益很大。

梁昌洪的课堂风格还有一个特点，那便是犀利而敏锐。他直言："我的课堂要求是很严格的，你可以选择不来上课，但是来了就一定要遵守课堂要求。"

"现在很多人批评大学生上课不认真听讲，打瞌睡、玩手机，我觉得这个在于老师怎么做。"梁昌洪认为，能够让绝大多数学生专心听讲的老师，才是好老师。教师与学生面对面，不仅是传授给学生教学的内容与方法，更重要的是让学生看到教师的素质、思想和风格。

从某种意义上说，一位好的教师是一个标杆，是一面旗帜，对学生的影响可能是一生的。一门课、一个具体的知识点，学生工作若干年以后或许早就忘掉了，但他们会铭记老师的为人之道、做学问之法，这才是关键。

梁昌洪上课时，总是用提问的方式来吸引大家的注意力，提高互动性。一般老师上课时不会提太多问题，不想让学生下不了台。但是梁昌洪的风格不太一样，他不管情面，时常在课堂上提问。他提问的学生中有班干部，也有普通学生，有学习成绩好的，也有成绩不好的，十分随机，没有规律可言。

他眼中的学生都是平等的，他也十分注重课堂效率和授课内容，因此，他的课堂往往是座无虚席。每当学校开放选课时，梁昌洪的课总是被"秒杀"，一座难求。

在课堂上，梁昌洪用红色、黄色标示主旨，用白色书写内容，色彩丰富多样，层次分明，主旨重点突出。形式多样的板块组合起来，如同飞舞盘旋的乐谱华章，令人难忘。除了文字、公式、图表，板书上还绘有形象生动的漫画。譬如，他用"矮胖子"表示体重，"瘦高个"代表身高；就连牛顿、爱因斯坦也被他"请"上了黑板。梁昌洪的黑板上满是各式各样生动的插画，不同的公式、矩阵、方程都有不同的标注，活泼的漫画穿插其间。这些栩栩如生的板书插画，极大地丰富了教学内容，引发了学生们的思考。

梁昌洪治学严谨，语言风趣，十分注重和学生之间的互动，深受一届又一届学生的好评。

一名学生这样评价："梁老师上课从来都是提前半小时到教室，为课堂作准备，和早到的学生聊聊天、谈谈心。从总结欧几里得函数，到自然而然过渡到椭圆函数，再到椭球函数，梁老师用他自己的创新方式为我们深刻地讲解当天的课程主题。此外，梁老师还教导我们要注重应用，强调得不到应用的理论没有实际意义。课程结束后，梁老师更是认真地回答同学们的问题。让我印象最深的是关于态度的问题，梁老师说要保持初心，不要被物质所诱惑，方能成功。"

西电通信工程学院学生杨福兴在校内网站上留言："我印象最深的就是梁昌洪教授的板书。他能把那么枯燥的数学知识用图画的方式呈现出来，我想这就是寓教于乐吧。看着那一排排工整的字迹，我很佩服老师的认真严谨。"

"梁老师上课总是提前到教室。即使他有多年的授课经验，每堂课也依然准备得很充分，手写的教案随时在修正补充。"一位张姓同学说。

"老师本人很亲切，声音铿锵有力，带动着听课的我们也都精气神十足。梁老师的板书十分清晰，就连每个框图底下的标注这种细节都认真对待。大家分享趣事时，他也会跟着哈哈笑。"

"暮冬，长安，雪霁。师者梁昌洪做学。梁昌洪者，西电先生，年逾古稀，治学半百，位尊祭酒。学道兼得，修业勤勉。"

"梁公字劲道，或磅礴，或悠然，井井有条。兴之所至，更挥毫写意，信手拈来。"

一名清华大学的学生在知乎上说："今年四月，西电原校长梁昌洪教授来清华办讲座，其中给我印象最深的是第二场'椭球函数札记'。梁老师全程用粉笔板书，用到了四种颜色的粉笔，板书书写端正，排版整齐，逻辑清楚，内容翔实，可谓板书中的上上乘。虽然讲座内容跟我的专业关系不大，但我还是听了个八成懂，还手写了笔记。"

这是学生们对梁昌洪教授由衷的赞美和发自内心的钦佩。在他们心中，梁教授就是黑夜中的明灯，在风雨如晦的前行路上指引人生方向，是他们毕生追寻的榜样与理想，是奋斗的终极目标。对于学生的赞誉，梁昌洪却极尽谦虚："我只是一名老师，老师的职责就是上好课；作为大学老师，更要上好课。"

他还曾提到："史学大师陈寅恪在学术研究中坚持'书上有的不讲，别人讲过的不讲，自己讲过的也不讲'的'三不讲'原则。我比不上他，只能要求自己每门课都认真准备，讲之前都重新备课，力争每次都有新内容、新思想。"

## 理工科教授的人文情怀

梁昌洪的书架上摆放着大量书籍，除专业著作外，还有很多理工科教师书架上不多见的社科、文学类图书，如名人传记、科普读物、文学巨著等。他有藏书的爱好。

他爱读鲁迅的作品，对鲁迅的经典著作都有所思考。他有一种独特的本领，能将不同领域的知识融合，形成自己的观点。比如，他用鲁迅作品来解读科学精神：

"中国学者在高校里面临一个核心问题，就是要传播科学的精神与方法。当然我说了，这还是个体制问题，靠一两个人解决不了实际问题。但正如鲁迅所说，中国问题的核心不是身体，而是灵魂。只要有了第一步后，总会有第二步、第三步，说不定很幼稚，或者很不起眼，但是只要有了开头，大家就会慢慢体会到，科学的精神与方法太重要了。"

他还爱读小说，以科学家的敏锐视角，指出了作家王蒙的长篇小说《暗杀——3322》中一个概率论错误。为了验证自己的观点，梁昌洪颇具孩子气地做了一个试验。他采用理论计算、Monte-carlo随机模拟（100万次试验）以及实际抓彩的频率试验（共140多人做了6180次试验）三种方法进行了试验，认真研究这个"最简单的概率问题"，结果显示，"3322问题与王蒙先生的观察存在很大的差距"。

最终，他得出结论："王蒙先生对3322情有独钟，我们猜测这与他对中间状态的哲学思维有关。而恰好在这样一个典型问题中，4321这样一个看来并非中间状态的事件，与3322概率相同。当然，这应该是由另文研究的课题了。"

对此，王蒙也作出回应："我属于爱科学而不怎么懂科学的那种人。我曾经从3322的概率游戏中悟到了或然性大致趋向平衡的道理，并以此做了许多发挥。西安电子科技大学原校长梁昌洪教授针对我感兴趣的这个问题做了精细计算、电脑测试以及组织学生测试等试验。三种方法得出的结果证明了我的说法存在不准确之处。如他指出，3322的概率与4321的概率大致相近，而5500的概率远远高于飞机事故的发生概率。我非常感谢梁教授运用科学方法得出的结论，它帮助我认识到命运——概率的另一面，即其不平衡性、多样性、变异性。"喜欢数学的作家王蒙与喜欢文学的科学家梁昌洪，进行了一次跨界的精神交流。

梁昌洪还深入研究过体育和文学艺术中的概率美。他认为，概率在体育与文学艺术中存在悬念美、希望美、抗争美。知名学者南帆评价道："我自己是研究文学的，刚刚听了梁校长对文学的数学分析，大开眼界。没想到文学也能成为数学剖析的对象，这对保证教学内容和教材的先进性起到了重要作用。"

## 科学精神　薪火相传

梁昌洪始终认为，理工科学生更需要提高人文素养，既能够陶冶情操、放松心情，还能够让学生了解为何学习、如何学习，这样才能更好地报效祖国，这也是课程思政的一个重要意义。

当人生进入晚年，梁昌洪将自己的科学知识与多年的人文积淀结合起来，开设了"科学的精神与方法"这门课。

这是一门人文与理工相结合的课程。该课程共45讲，近90场讲座，全部由梁昌洪亲力亲为。讲座以人物为线索，通过介绍著名科学家的人生历程和科研经历，剖析科学巨匠们的研究方法，赞扬他们对待科学的严谨态度和伟大献身精神，内容涉及"毛泽东的矛盾分析方法""华罗庚的直接法""杨振宁的中西融合法"等。

课程开设以来，深受学生喜爱，场场爆满。后来，这门课程辐射到清华大学、北京大学、上海交通大学、复旦大学、西安交通大学、国防科技大学、东南大学、电子科技大学、中国海洋大学等多所高校，深受好评，还被评选为国家级精品视频公开课程。

教学相长，梁昌洪也对青年学子进行观察，并有自己的思考。他认为："近年来，我执教'科学的精神与方法'。这一次期末学生提交的论文给予我心灵极大的触动。我发现西电的青年学子在思考，从思考世界，思考国家，思考学校到思考自己。他们痛恨无趣的课程，批评乏味的老师，反思中国的教育，研究科学的创新；他们大胆鞭打一切虚假，渴望从内心深处吼出积存已久的'呐喊'。思考的西电一代则代表我们学校的脊梁，也是祖国的未来和希望。让我们为西电思考的一代欢呼，并希望他们尽快挑起国家的重担。"

除了专业理论书籍，梁昌洪还出版了《话说对称》《话说极限》等面向大众的科普书籍。梁昌洪在书中的讲解深入浅出、引人入胜，甚至连中学生也能较轻松地理解。

《科学随想录》《科学漫谈录》是梁昌洪"科学的精神与方法"课程的总结和提炼，讲述了一系列科学家的故事，是激励青年学子勇于探索、敢于攀登科学高峰的佳作。

在《科学漫谈录》中，梁昌洪以王安石的名篇《游褒禅山记》为切入点，揭示了攀登科学高峰的三个必要条件：有志、有力、有物相之。梁昌洪说："志向、实力、外力辅助，一样不可缺少。从事科学研究，首先要具备的就是献身精神。"

梁昌洪认为："对青年学生来说，看到世界比学到世界更重要，知道差距在哪里，才有可能超越。我相信，大家会越来越深刻地体会到科学的精神与方法的重要性。"

梁昌洪热爱讲台，喜欢学生，和学生在一起，总是能够感受到蓬勃的朝气。他说："我的最大体会是，把心放在教学上，把心放在学生身上，把心放在内容和方法上，用心对待学生，就像对待自己的子女一样，把课讲得尽善尽美。"

他先后指导博士后10余名、博士研究生60余名、硕士研究生100余名，所培养的学生中，已有中国科学院院士1名（崔铁军院士）。他爱生如子，会邀请学生到家里品尝他亲手烹饪的上海菜。逢年过节，他还会为学生赠送手绘的贺卡。

崔铁军院士回忆："本科时，我的毕业设计是静电场的矩量法，当时我的导师是老校长梁昌洪教授。梁老师提出了电磁格点理论，我据此理论设计了矩量法的一个简化模式。"在一次讲话中，他深情感谢以梁昌洪为代表的西电老一辈学人对其人生发展产生的深远影响。

手握粉笔，站于三尺讲台，书写最美板书，秉持一片丹心铸师魂。辛勤付出，只为授之以渔，桃李芬芳馥郁，阵阵飘香天下。

如今，两鬓斑白的梁昌洪壮心未与年俱老，仍然坚持工作，他的著作与精神，将如一叶扁舟，载着微波领域的未来，驶向无限广阔的大海。

【撰稿：王佳（西安电子科技大学档案馆/校史馆/博物馆特约作者）】

## 梁昌洪出版教材一览表

| 序号 | 出版教材名称 | 时间 |
|------|------------|------|
| 1 | 《微波网络及其应用》 | 1980年 |
| 2 | 《计算微波》 | 1985年 |
| 3 | 《从实验数据处理谈起》 | 1996年 |
| 4 | 《孤立子理论及其应用》 | 1997年 |
| 5 | 《简明微波》 | 2006年 |
| 6 | 《矢算场论札记》 | 2007年 |
| 7 | 《复变函数札记》 | 2011年 |
| 8 | 《电磁理论前沿探索札记》 | 2012年 |
| 9 | 《计算微波（典藏版）》 | 2012年 |
| 10 | 《矩阵论札记》 | 2014年 |
| 11 | 《概率论札记》 | 2014年 |
| 12 | 《椭球函数札记》 | 2014年 |
| 13 | 《微波五讲》 | 2014年 |
| 14 | 《迭代突变论札记》 | 2015年 |

► 《电磁场理论基础》手稿

► 《微波网络》手稿

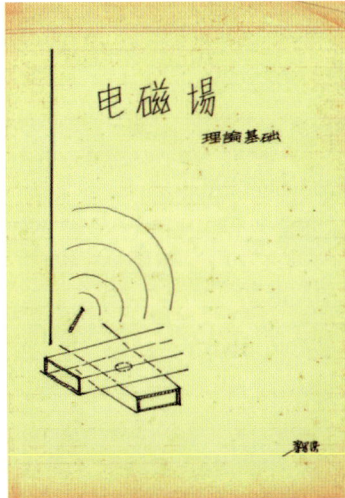

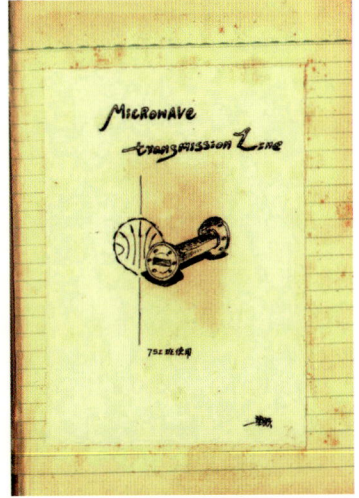

► 1979 年，梁昌洪被确定和提升为讲师

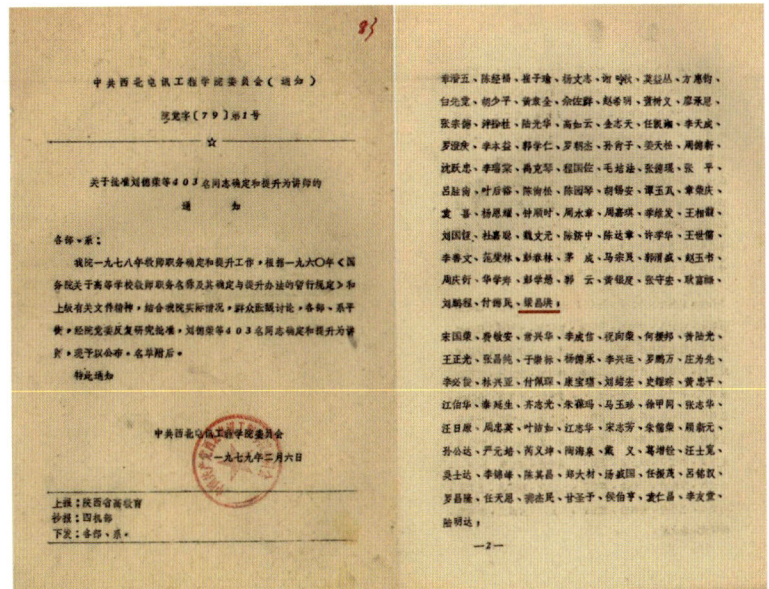

◀《计算微波（典藏版）》

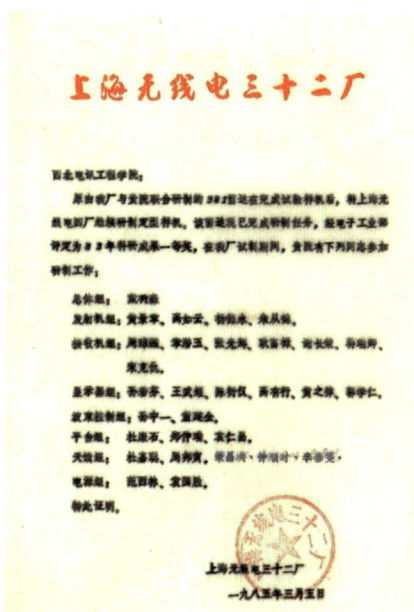

◀ 1985 年，381 雷达获得"83 年科研成果一等奖"，梁昌洪参与研制工作

►《计算微波（典藏版）》内页手稿图

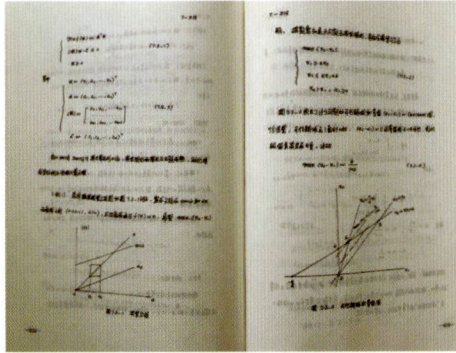

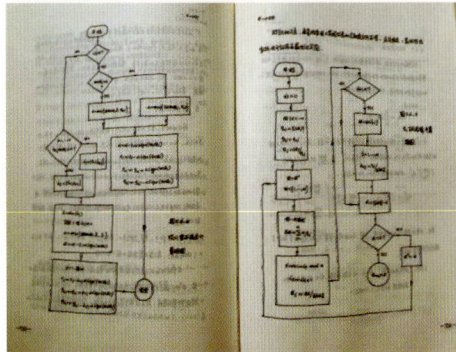

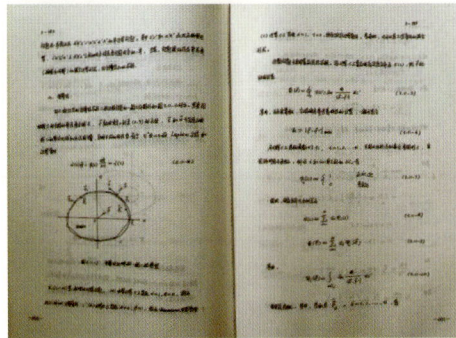

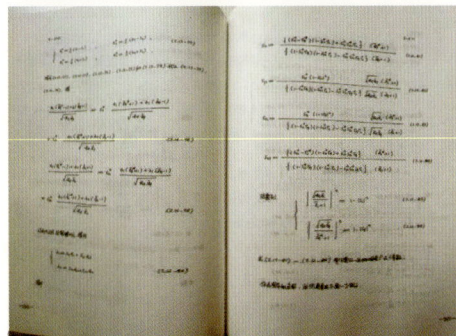

◀梁昌洪手写板书

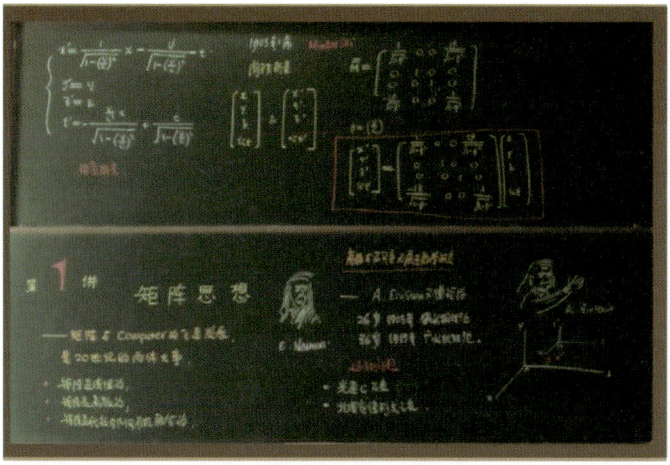


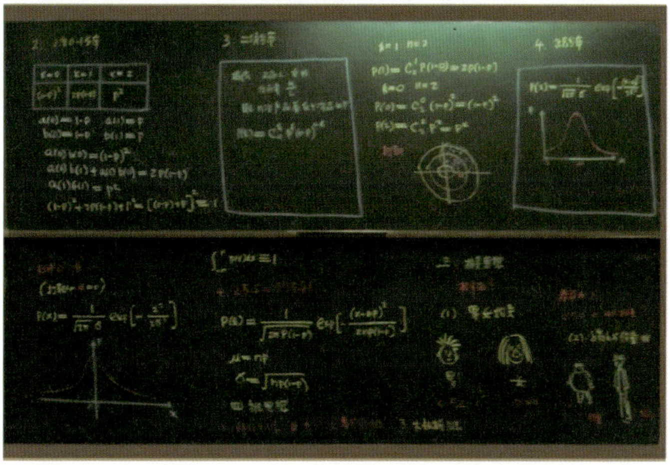

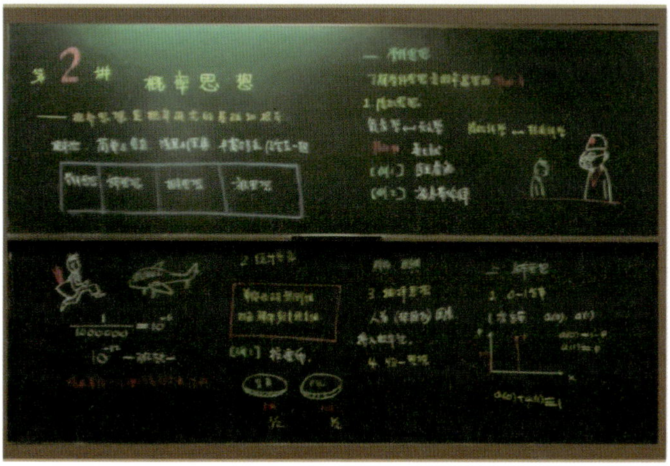

▶梁昌洪指导学生进行科学研究

▶梁昌洪指导研究生做实验

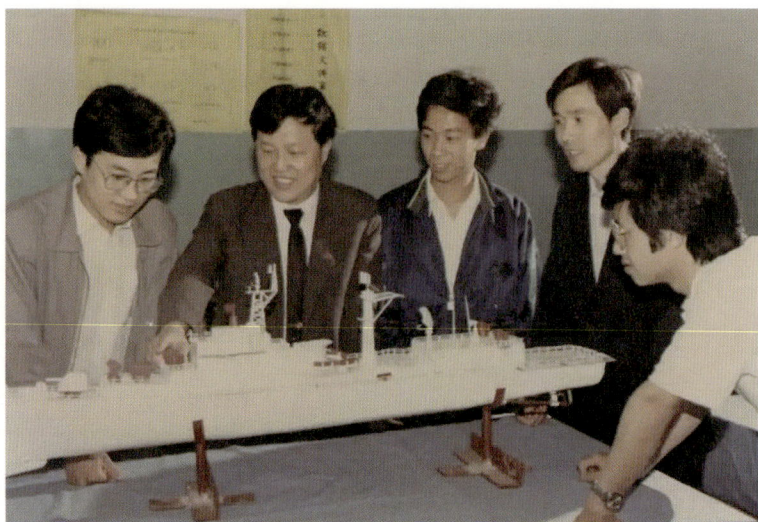

◀梁昌洪手绘作品
《龙年腾飞》

◀梁昌洪手绘作品
《马年大吉》

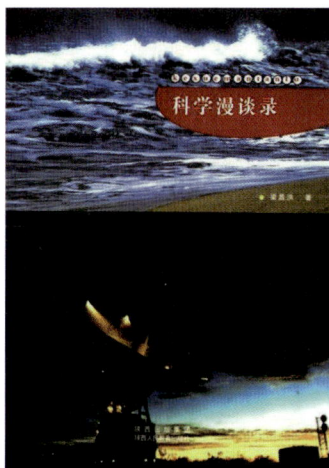

◀《科学漫谈录》

▶ 2001 年 9 月，天线与微波技术国防科技重点实验室学术委员会会议在西电召开，图为时任校长梁昌洪在讲话

▶时任校长梁昌洪、时任副校长谢维信、涂益杰、陈秋芳在教师节与教师座谈（左二为梁昌洪）

◀ 1987 年，梁昌洪
在校庆暨学术报告会
上作学术报告

◀梁昌洪

◀梁昌洪和采访小组
合影（左起：王佳、
梁昌洪、强薇）

刘三阳

与数学系列教材

「从某种意义上说，教材比专著更难写。专著更注重学术性、前沿性。」刘教授深有感触地说，「写教材要处处为学生着想，充分考虑学生的接受度，对所选素材进行「再创作」，便于学生理解和教师使用，所以，写教材是很费时间和心思的。」

刘三阳，男，1959年11月出生于陕西省三原县。1982年本科毕业于陕西师范大学，1984年硕士毕业于西北电讯工程学院（今西安电子科技大学），1989年博士毕业于西安交通大学，1993—1994年在法国做博士后。1990年破格晋升副教授，1994年破格晋升教授，1996年被评为博士生导师。他是国家级教学名师，入选国家级高层次领军人才，享受国务院政府特殊津贴，先后被评为陕西省首批科技新星、陕西省有突出贡献中青年专家、全国电子工业系统优秀教师、陕西省新长征突击手、陕西省有突出贡献专家、教育部跨世纪优秀人才、陕西省首批师德楷模、陕西省教书育人楷模。

历任西安电子科技大学应用数学系主任、理学院院长、数学与统计学院院长，以及第九届和第十届全国人大代表、第十三届全国政协委员、第十二届陕西省政协委员。现任西安电子科技大学数学与交叉科学研究中心主任、教育部教学指导委员会委员、中国工业与应用数学学会理事、陕西省教材委员会专家委员、陕西省教学指导委员会数理类工作委员会副主任兼数学组组长、陕西省高考综合改革专家组成员、陕西省教育考试与评价研究会副会长、西安市数学会理事长。先后荣获省级以上教学成果奖、科学技术奖20余项。

他是国家级教学名师、国家级高层次领军人才、陕西省师德楷模、陕西省教书育人楷模、教育部跨世纪优秀人才，获得15项国家级和省部级教学成果奖及6项省级科学技术一、二等奖。他担任全国人大代表和全国政协委员等社会职务20年，还多年负责陕西省全国高考数学命题和评卷工作……

他就是西安电子科技大学数学与统计学院博士生导师、《线性代数》和《数学分析十讲》两部国家级规划教材的作者——刘三阳。

## 兄妹五人书写励志传奇

1977年10月，各大媒体公布了一条振奋人心的消息：中断11年之久的全国统一高考将于当年恢复！

这一消息仿佛一声春雷，给全国的知识青年带来了希望。那年12月，全国570多万青年走进考场，最终有27.3万考生圆了大学梦。

刘三阳和二哥刘重阳双双考中：刘三阳被陕西师范大学数学系录取，二哥则进入西北大学物理系。这个消息在当地引起轰动。当时，全公社仅有5人考中，他们兄弟就占了2个名额！

1979年和1984年，他的弟、妹又先后考上了西北电讯工程学院计算机系和西北大学生物系。而大哥作为工农兵学员，已在西北大学地质系毕业留校，1979年又考上了研究生。

"一对农民夫妇的5个子女全部考上大学！"这在20世纪七八十年代高考录取率极低的情况下实属罕见，全国多家报纸、杂志、电台、电视台等新闻媒体广泛报道了这一励志传奇，激励了许多寒门子弟刻苦求学、改变命运。

后来，大哥刘池阳一直在西北大学地质系任教，并成为国家"973计划"首席科学家、全国模范教师、全国五一劳动奖章获得者、"百千万人才工程"国家级人选，两次进入中国工程院院士最后一轮评选；二哥刘重阳先学物理，后搞化学，是德国洪堡学者，长期在美国任教，之后通过国家人才计划被引进到南方科技大学；四弟刘会阳最初在西北电讯工程学院学计算机，后任北京兆维集团党委书记、董事长；小妹刘惠侠从四川大学生物系硕士毕业，后任某制药公司高级工程师。

## 文史爱好者 走进数学天地

穿越40多年的时光，回望少年时的自己，刘三阳教授将这些"传奇"归因于：爱读书，爱学习，家庭氛围好。

他父亲只上过3年私塾，但勤思好学，习得不少文化知识，写得一手好字，被十里八乡看作文化人，村里人写信写对联都找他。母亲虽不识字，但明事理，重家教，为人正直，勤俭持家。虽然家境并不好，但当地人评价："这一家家风家教好，娃们都有出息。"

从小学到高中，刘三阳都非常热爱学习。"在那个特殊年代，如果你爱学习，学得好，有时会遭到非议，但是，我坚信一个朴素的道理：读书肯定是好事，知识不是坏东西，终究会有用。"刘三阳打心眼里对有知识、有学问的人充满尊敬。

高中阶段，刘三阳毅然背着馒头步行10多里路，翻两道沟往返于家和学校之间；家里没有书桌，他就猫着腰趴在柜子上学习；晚上点煤油灯看书写字，一不小心就会烧到头发，那股焦煳味至今他仍记忆犹新……

刘三阳教授是一位文学爱好者和历史迷，文史修养好，语言表达能力很强。在作报告、传达"两会"精神和讲课过程中，他总是出口成章、旁征博引、井井有条，不知情的人常误以为他是文科出身。"刘三阳是陕西才子！"西电原校长梁昌洪教授就曾这样向一位外校专家介绍。

一个文史爱好者，怎么会选择了数学专业？"我当年其实对各门课都喜欢，对语文、历史更感兴趣，数、理、化也学得不错。但是，刚经历过那段特殊时期，对文科顾虑重重，心有余悸，而数学不太依赖环境和其他条件，所以，第一志愿就报了数学专业。"刘教授解释说。

进入陕西师范大学数学系后，刘三阳感受到数学的深奥和魅力，并结识了许多优秀的知识分子，比如著名数学家、国家有突出贡献专家王国俊教授，以及数学系当时唯一的研究生杜鸿科老师，并与其成为忘年交。这两位老师是陕西师范大学数学系科学研究的主要开拓者和领路人，他们创建的研究方向和团队至今仍是该校数学学科的主要支撑。

大学毕业后，1982年年初，刘三阳到西北电讯工程学院攻读硕士研究生，主攻应用数学和运筹学的一个重要分支——最优化。如今，身为博导的刘三阳教授带领的团队，主要研究方向就是最优化理论、方法及其应用。

"最优化就是在一定约束条件下，从众多方案中寻求最优方案。"刘教授介绍说。最优化问题在工程技术、军事国防、经济管理等领域无处不在，日常生活中也随处可见。

1984年，刘三阳以优异的成绩硕士研究生毕业并留校任教，1985年，他又边工作边学习，考取了西安交通大学的博士研究生，后来又去法国做博士后研究。

刘三阳注重学科交叉，理工结合，开展问题导向的跨学科研究。这一举措既推动了西电数学学科的发展，又支撑了其他学院的学科建设，对信息与通信工程等学科评估、计算机学科进入世界前1‰作出了重要贡献。学校图书馆2014年编印的《科研绩效计量分析评价材料》显示，在对全校SCI论文贡献最大的前50人中，刘三阳名列第一，在对计算机学科进入ESI（基本科学指标数据库）全球前1%贡献最大的前20人中，刘三阳也名列第一。2023、2024年，刘三阳连续入选全球前2%顶尖科学家榜单。

## 获评国家级教学名师

入职任教以后，刘三阳坚持教学科研并重，勤奋钻研业务，由于业绩突出，1990年12月破格晋升为副教授。在许多同龄人还是讲师或副教授的时候，他又于1994年7月破格晋升为教授。

1995年3月，学校破例将不到36岁的刘三阳任命为应用数学系主任（当时全校没有学院建制），因此，他成为当时全校最年轻的系主任，也是当时国内高校少有的年轻系主任之一。

上任伊始，恰逢4项艰巨任务摆在面前：应用数学本科专业评估、应用数学硕士点评估、申报应用数学博士点、申报运筹学与控制论硕士点（当时博士点和硕士点均须报国务院学位委员会评审）。这些重要工作密集集中在一个时间段，还必须按上级要求的时间节点完成。这对应用数学系和学校来说都是大事，对刚上任的年轻系主任刘三阳更是严峻考验。

刘三阳组织带领相关教师有条不紊地一一应对，亲力亲为，填表、写材料、请专家、汇报情况，加班加点。他当时还承担着数学专业"数学分析"大课的教学，家里还有上小学的孩子需要接送照管，忙碌程度、工作强度所带来的压力可想而知。

在宋国乡、王金金、程征芳、于力等同事的大力支持配合下，最终，评估和申报工作顺利完成，两项评估均获优秀，更难得的是，应用数学博士点和运筹学与控制论硕士点同时获批。

在申报数学博士点的20多个名校强学科中，西电应用数学学科脱颖而出，成为当年全国整个数学学科中唯一新增的博士点。这是西北地区第一个应用数学博士点，是继西安交通大学之后陕西第二个数学学科博士点，还是本校当年唯一新增的博士点、全校第五个博士点和第一个理学博士点。

由于当时全国博士点很少，评审又极其严格，博士点的含金量和影响力很大，所以西电作为一所工科院校获得当年全国唯一新增的数学博士点，在不少高校引起了强烈反响，极大地提升了西电的知名度和影响力。

刘三阳后来又担任理学院院长、数学与统计学院院长。在他任上，数学学科先后获批数学一级学科博士点、数学博士后科研流动站、统计学硕士点和应用统计专业学位硕士点。

1992年，33岁的刘三阳享受国务院政府特殊津贴，并被评为机械电子工业部优秀科技青年。

1995年，他入选陕西省科技新星，当时全省共评出50名，他和大哥刘池阳双双入选，程安东省长给他们颁发了证书。

1996年，他被评为博士生导师和陕西省有突出贡献中青年专家，入选陕西省"三五"人才计划。

21世纪初，刘三阳又先后入选陕西省有突出贡献专家和教育部跨世纪优秀人才计划。

2008年教师节前夕，刘三阳迎来人生的高光时刻。刘三阳被教育部、财政部授予高等学校"国家级教学名师"称号。表彰大会在北京隆重举行，时任中共中央政治局委员、国务委员刘延东向获奖教师颁奖。2016年，刘三阳又入选国家高层次特殊人才支持计划。

那一个个成就，都是辛勤努力和长期积累的结果。"教学是一门科学，也是一门艺术，是专业活、技术活。"刘三阳曾这样说。

留校任教后，他总是深入钻研教学内容和教学方法，并精炼地总结出一系列独特的教学方法与经验，如"讲课十法""讲课十忌""开场十例""十个关系"等，在校内外同行和青年教师中广为传颂。对于读书治学、教书育人，他总结了两句话："学有佳境无止境，教无定法有良法。"

刘三阳曾应邀在西安交通大学、南开大学、北京航空航天大学、北京理工大学、西北工业大学、兰州大学等高校，高新一中、西安铁一中、西安交大附中等中学及多个会议上作关于课程建设、教学方法、教学能力等方面的报告200余场，受众数万人，得到广泛好评。有的学校把他的方法印在了教师手册上。

这些年来，刘三阳主持国家和省级教学团队2个、国家和省级精品资源课2门，并牵头建设教育部虚拟教研室，还领衔申请到"数学与应用数学""信息与计算科学"两个国家级一流专业建设点及省级基础学科拔尖学生培养基地（全省唯一的数学专业）。入选陕西省首批师德楷模、陕西省教书育人楷模，获得西电本科优质教学质量卓越奖，并被授予"我最喜爱的老师"等荣誉称号。同时，他获国家级教学成果奖3项（两项排名第一，一项排名第二）、陕西省教学成果奖10多项（均排名第一）。

刘三阳不仅在教书育人方面成绩卓著，而且热心传帮带，乐于培养年轻人。在他的指导下，数学与统计学院许多青年教师先后获得全校青年教师讲课竞赛一等奖，在全校声名大振。后来，省内外高校也经常邀请他传授"秘方"，指导参赛教师。经他指导点拨，教师们进步显著，一个又一个获得国赛、省赛、校赛大奖，其中，获得全国高校教学创新大赛一、二等奖的有10多人，全国青教赛一、二等奖的有5人，其他教学竞赛奖项的有30多人。他因此被称为"老师的老师"。

## 编写两部国家级规划教材

刘三阳深知教材是教书育人的重要载体，是教学的基本依据。在深入教学研究和长期教学实践的基础上，他凝聚多年的科研、教研成果和教学经验，编写出版了14部教材，其中《线性代数（第二版）》和《数学分析十讲》入选国家级规划教材。

这两部国家级规划教材为西电数学学科及相关学科的评估、国家精品资源共享课"线性代数"和省级精品资源课"数学分析"的评定及多项教学成果奖的评定贡献了力量。

"从某种意义上说，教材比专著更难写。专著更注重学术性、前沿性。"刘教授深有感触地说："写教材要处处为学生着想，充分考虑学生的接受度，对所选素材进行'再创作'，便于学生理解和教师使用，所以，写教材是很费时间和心思的。"

### 《数学分析十讲》独具特色，广受好评

《数学分析十讲》由科学出版社出版，入选"十二五"国家级规划

教材，是刘三阳教授与李广民教授共同编著的，2015年曾获陕西省高等学校优秀教材一等奖。刘三阳教授独自修订、补充后，于2024年出版了第二版。

该教材是由2007年出版的《数学分析选讲》改编而来的，自出版以来，每年都在重印，使用该教材的高校数量也在逐年增加。

这两部精品教材的背后还有一段关于教改的故事。

西电以电子和信息学科为主，对数学的要求高、需求多，为了提升工科学生的数学水平，学校有关领导和职能部门考虑为电信类本科专业开设类似数学专业数学分析的课程，取代高等数学课。

在征求刘三阳的意见时，他谈了以下几点：工科专业开设的高等数学课通常包含解析几何和微分方程的内容，而数学专业的数学分析课不包括这两部分内容，因为会单独开设相关课程；要寻找或编写合适的工科数学分析课的教材，并非易事。为了稳妥起见，他建议工科专业在学完高等数学课程之后，在第三学期开设一门"数学分析选讲"课，为学生增补一些数学分析知识，深化拓展高等数学内容。

建议被采纳之后，刘三阳立即着手编写《数学分析选讲》讲义，从2004级学生开始使用。经过几轮使用和修订，《数学分析选讲》最终由科学出版社正式出版。2011年，刘三阳在《数学分析选讲》基础上，补充升级内容，出版了《数学分析十讲》。

国内很多高校的数学专业都开设了"数学分析选讲"课程，大多用于考研辅导，相应也有不少教材，但多属考研题分类汇编、试题解答之类。而《数学分析十讲》则大不相同，其中包含许多独创自编的内容和新型例题习题。刘三阳举例说："极限贯穿微积分始终，我们给出了求极限的一些极其简便而新颖的方法，有些题目用别的方法难以求解，用我们的方法却能迎刃而解。"

《数学分析十讲》凝结着作者长期的教研成果和经验，从一定意义上填补了"数学分析选讲"课程内容的空缺。

《数学分析十讲》自出版以来，赢得了业内专家和许多高校教师的广泛好评。

"这本教材使用效果好，每年重印，广受好评，是一本适用面、受益面都很广的优秀教材！"教育部大学数学教指委秘书长、西安交通大学数统院副院长李继成教授评价说。

### 《线性代数》：理实结合，严谨实用

西电的"线性代数"课程是国家级精品课和精品资源共享课程。2005年，为了配合精品课程建设，刘三阳和马建荣教授编著《线性代数》；为了引领青年教师成长，修订该书时，刘三阳让年轻教师杨国平也加入其中。《线性代数》自2005年出版以来，发行量已达10多万册，第二版入选"十一五"国家级规划教材，2011年获陕西省优秀教材二等奖。

"线性代数有不少抽象概念，传统教材理论讲述多，工科学生初学时接受比较困难。同时，学生更看重知识应用和对后续课程的作用。"刘三阳介绍，"围绕课程特点和学生的实际需求，在这本教材的编写修订过程中，我们结合长期从事线性代数和高等代数教学的经验以及对工科专业的了解，针对许多抽象内容，引入了实际背景和应用案例，并融入了数学建模思想和MATLAB软件，增强了教材的趣味性和实用性，提高了学生的应用和计算能力。"

西北工业大学叶正麟教授评价："这是一本特色鲜明的好教材！它引入了新的科研和教学成果，融入了数学建模和数学实验思想，符合认知规律，对培养学生学习兴趣、提高其应用意识和数值计算能力特别有利。"

西北大学赵宪钟教授评价："该教材重点难点处理得当，注重理论联系实际和软件计算，有助于培养学生的抽象思维能力、逻辑推理能力、数学

应用能力和科学计算能力，是一本富有特色和新意的优秀教材！"

《线性代数》第一版出版后，西电数学与统计学院教授张乐友就开始使用该教材。在当前新工科教育背景下，他正与刘三阳教授进行第三版的编写工作。

"这本教材已经使用了近17年，粗略估算，仅西电就有8万余名学生受益。"张乐友教授介绍，"与国内外同类教材相比，该教材从线性方程组出发，比较简洁地阐明线性代数的基本概念、基本理论和方法，同时基于矩阵论知识，对书中的定理进行了严格证明。该教材的基础知识讲解循序渐进，基本理论推演逻辑缜密，在处理抽象概念与理论时，还结合实例加以讲解，便于学生理解和接受。此外，该教材注重理论与实践相结合，基础课程与专业特点相结合，可有效提高学生对专业实际问题的建模能力及分析解决问题的能力。"

### 厚积薄发，百炼成钢

"当时国内没有我们需要的教材，也没有大纲和现成的素材。"谈起编著《数学分析选讲》和《教学分析十讲》的过程，刘三阳回忆，"当年的初衷是给工科学生拓展、加深数学知识，首先得选择合适的题材，要考虑难度、深度、坡度和新意，这是第一个难题。"

于艰难之中突破，发挥作用的是他几十年来养成的博览群书、勤于钻研、不断积累的好习惯。

编写《线性代数》时，国内线性代数教材与应用结合得很少，缺乏实际应用案例。为了寻找应用案例，刘三阳和其他编者翻阅了许多国外教材，选择合适的案例进行改编。

编著教材，除了需要大量阅读有关图书资料，还需要有一定的研究积累。刘三阳记得编写《数学分析选讲》和《数学分析十讲》时，没有成熟的大纲框架和基本内容，完全无章可循。此时，他多年积累的资料和发表的教研论文就派上了用场。

教材题材选好后，确定写法也并非易事。"教材的写法，不仅要从专业学术角度考虑，更要从学生学习的角度考虑，换位思考，这也是写教材的难处和细腻之处。"刘三阳说。

编写教材的时间，都是从繁忙的日常工作中挤出来的，刘三阳常常利用晚上或节假日加班加点，编写教材。

## 树人育才　服务社会

刘三阳担任硕士生导师、博士生导师几十年，培养博士毕业生130多名、硕士毕业生280多名，指导博士后20多名。

他对研究生严管厚爱，不仅从专业和学术角度精心指导，还时常教导学生，读硕读博不是仅仅拿个学位，而应有更高更远的追求。他强调说：有学位，更要有品位；有文凭，更要有文化；有学历，更要有学问；有知识，更要有见识。

他引导学生将所学的优化方法、择优原理用于学习和日常生活，追求最优，优化人生，养成良好的思维习惯与方式。他惜时如金，经常教导学生珍惜机会、珍惜时光，他告诉学生："人和人的差别，很大程度上取决于业余时间的利用。"

在他的悉心培育下，毕业生遍布全国各地及海外，被评为教授的有50多名，担任大学正副校长、正副院长和知名企业管理层的有20多名，入选省部级以上人才计划的有10多名；获评学校优秀博士论文的有10多人、陕西省优秀博士论文的有3人；1名硕士生的论文获得国际统计学会简·丁伯根奖第二名，该学生应邀参加国际统计学会第59届世界统计大会并作报告（是获此殊荣的唯一硕士生）；1名硕士生的论文获2015年百篇最具影响力国内学术论文。

中国科协2018年优秀中外青年博士生交流计划共入选163人，西电入选3人，其中2人来自刘三阳所在的团队；其团队学生获全国研究生数学建模竞赛奖、国家奖学金、"星火杯"一等奖等国家级荣誉和奖项约30多项。

此外，刘三阳还先后担任全国人大代表、全国政协委员、陕西省政协委员、民进陕西省委副主委、陕西省全国高考数学命题组组长和陕西省高考数学评卷中心组组长等职，这些任职经历完美诠释了他多姿多彩的人生。

### 受人民之托，忠人民之事

刘三阳从1998年2月起，担任全国人大代表、全国政协委员、陕西省政协委员长达20年。受人民之托，忠人民之事。他积极参政议政，先后提交了100多件有见地的议案、提案，涉及教育、科技、经济、司法、民生、环保、统战等多个领域，他如实反映社情民意，为普通百姓代言发声，为国计民生建言献策。

在世纪之交的全国人大会议上，他的一次发言引起新华社记者的关注，内容涉及立案难、执行难、有案不判、久拖不决等群众反映强烈的司法问题。

新华每日电讯发布后，全国10多家报纸立即转载，紧接着，群众纷纷来信，有寄到大会的，有寄到西安电子科技大学的。等刘三阳回到学校，电话、信件纷至沓来，几乎每天都有来自全国多地的群众到学校找他。学校不少教职工都在校园里碰到过问路找他的群众，他们说："要找刘代表——'刘青天'。"

"我当时刚40岁出头，一些不知真相的群众来信，称我'刘老'，有的群众见到我说：'你这么年轻，怎么对我们老百姓的困难知道得这么清楚。'虽然帮助个别群众解决了一些长期未解决的实际问题，但群众反映的那么多案子我也有心无力，还得走司法途径。比较欣喜的是，没过多久，最高人民法院针对有关问题发布了指导意见和要求。"刘三阳说，他向来对底层百姓的困苦感同身受，充满同情，只要有机会就替他们说话，还会对有的贫困来访者给予经济上的帮助。

### 服务全省高考，助力中学教育

21世纪初，教育部推行高考分省自主命题，陕西省只接受了数学、英语两科自主命题。省教育厅领导对刘三阳说："之所以敢接数学，就是因为有你。"

受命担任陕西省全国高考数学命题组组长时，刘三阳每年都要进行长达五个多星期的严密封闭，与外界隔绝联系。因为要给试卷印刷留出足够时间，所以实际命题时间不到两周，时间紧、要求高、任务重（数学包括文理、正副共四套题），每年还要制订或修订高考数学考试大纲说明。

命题期间，他带领命题组老师每天加班到晚上12点，绞尽脑汁设计试卷、构思题目，协调各方意见，分别命制文、理科数学试题；反复验算、检查、打磨，字斟句酌，确保试题符合大纲要求和本省学情，无丝毫差错和歧义，还要有合理的难度、坡度、效度和区分度。

他以高度的责任感、精湛的专业能力和精益求精的精神，一次次出色地完成任务，受到教育部考试中心、省教育厅和同行的一致好评，为全省高考招生工作贡献了自己的智慧和力量。他当年命制的一些考题，至今仍被不少专家作为范例进行讲评。

陕西省高考数学评卷工作一直由西电承担，刘三阳教授长期担任评卷中心组组长，为全省招生录取工作作出了贡献。

校内外常有人询问刘三阳一个问题：人的精力和能力是有限的，你为什么能在教学、科研、管理、社会服务以及大学、中学教育等多个方面颇有建树？他说因时势和工作需要，确实兼顾了多个方面，但并无大成。对于原因，他总结了以下几条：一是自我感觉天生愚钝，做事就特别用心、细心，形成了踏实做事、诚实做人、处处留心、注重细节的习惯；二是爱好读书学习，喜欢文史，博览群书，涉猎较广，形成较宽的知识面和较强的口头与文字表达能力；三是把数学精神、优化思维等专业素养渗透到思维方式、日常生活和行为规范中，能够统筹协同，分清轻重缓急，做事井井有条，力求最优；四是喜欢与学问好、见识高、人格正的高人交往交流，虚心向他们学习；五是务实高效，勤于反思，善于总结，跨界贯通，相互促进；六是父母给了我一个健康的体质，使我精力充沛，不知疲倦。

【撰稿：卢红曼（西安电子科技大学档案馆/校史馆/博物馆特约作者）】

## 刘三阳出版教材一览表

| 序号 | 出版教材名称 | 出版时间 |
|:---:|:---:|:---:|
| 1 | 《高等数学辅导》 | 2000年 |
| 2 | 《考研数学真题详解》 | 2002年 |
| 3 | 《应用泛函分析原理》 | 2003年 |
| 4 | 《高等数学典型题解析及自测试题》 | 2003年 |
| 5 | 《线性代数学习辅导》 | 2005年 |
| 6 | 《工科数学试题详解》 | 2005年 |
| 7 | 《线性代数》 | 2005年 |
| 8 | 《数学分析选讲》 | 2007年 |
| 9 | 《线性代数（第二版）》 | 2009年 |
| 10 | 《数学分析十讲》 | 2011年 |
| 11 | 《线性代数选讲》 | 2011年 |
| 12 | 《全局优化问题的分支定界算法》 | 2022年 |
| 13 | 《数学分析十讲（第二版）》 | 2024年 |
| 14 | 《线性代数习题册（实验班）》 | 2024年 |

▶ 1977 年，陕西省
招生工作日程安排的
意见

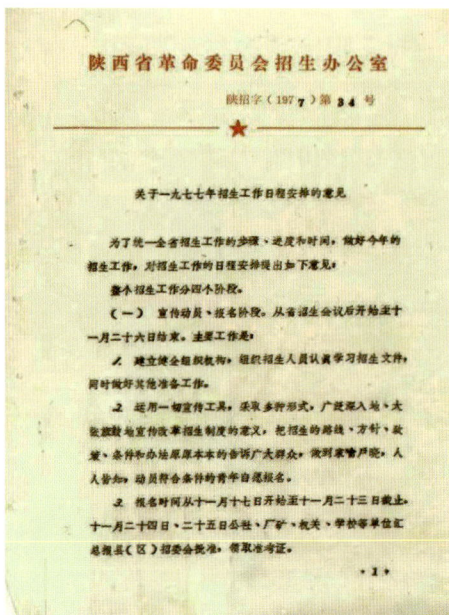

▶刘三阳（左一）幼
时与大哥刘池阳（右
一）、二哥刘重阳
（中）合影

◀刘三阳在美国普林斯顿高等研究院数学杂志室

◀刘三阳荣获的奖状及证书

▶关于 1981 年硕士研究生录取的通知

# 西北电讯工程学院文件

院收字（1981）第29号

★

关于一九八一年硕士研究生录取的通知

1981年硕士研究生招生工作从7月16日开始，历时五个多月，于12月25日圆满结束。招生工作分报名、命题、考试、评卷和录取几个环节。全部工作是在招生领导小组的领导下进行的，参加命题和评卷的同志，能坚持标准、工作认真、细致，遵守纪律；录取工作分两个阶段，第一阶段由系（部）进行初选，第二阶段召开院长办公会议（扩大到系（部）主要负责人参加）最后确定名单。为该育部代选出国予备研究生，先由学院提出初选名单，最后由该育部审定。在录取工作中，各级领导和办学机关的同志不衬资历、求公办平、根据德、智、体全面衡量，择优录取宁缺毋滥的原则，结合考试成绩制定了具体的录取标准。结果是本院录取研究生四十名，经该育部批准代选出国予备研究生十三名，共五十三名。录取通知书已发到本人，望各单位做好有关工作。

---

附：一九八一年本院录取硕士研究生名单和本院代选（代培）出国予备研究生名单

十二月十六日

抄　送：基础部、各系、各有关处

经办单位：教务处　　　　共印50份

---

## 一九八一年本院录取硕士研究生名单

信息工程系5名：

王诗华　白建雄　杨新辉　李林山　曾兴雯

电子工程系8名：

张玉洪　李钢　王新杨　商诃秀　王三民

李万宏　张文忠　赵知劲

电子计算机系7名：

瞿树民　张曦　欧阳秋生　陈干　赵电国

王小民　王义民

电子机械系4名：

段宝岩　吴沁宝　刘强　张杜录

技术物理系4名：

刘劲松　王方　蔡式东　杨银堂

电磁工程系5名：

惠维克　裴书喜　郭英杰　王小昌　史小鸣

应用数学专业7名：

姜呈明　王孔明　刘三阳　许祥泰　朱学嘉

陈立东　王宪东

◀刘三阳在法国留学留影

◀刘三阳荣获首届"陕西青年科技奖"

▶刘三阳参加陕西省
科学技术奖励大会

▶刘三阳被授予"优
秀教师"光荣称号

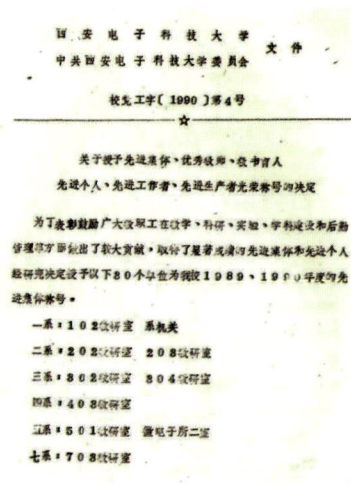

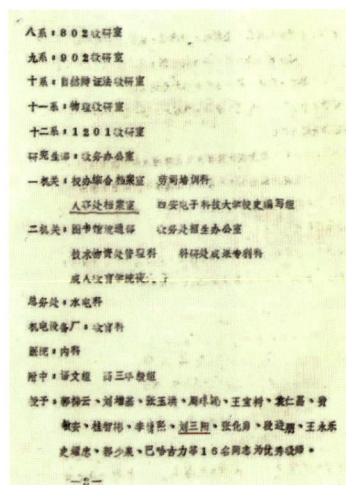

◀西安电子科技大学
应用数学硕士点专家
评估会合影

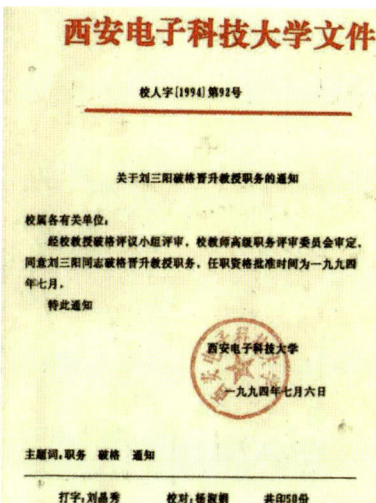

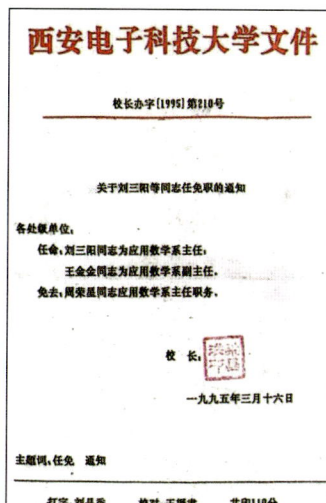

◀关于刘三阳破格晋
升教授职务的通知

◀任命刘三阳为应用
数学系主任的通知

▶新增刘三阳为博士
生指导教师的通知

▶聘任刘三阳为理学
院院长的通知

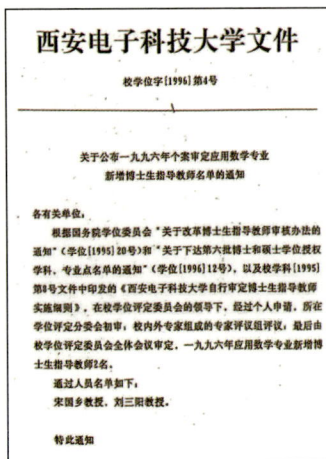

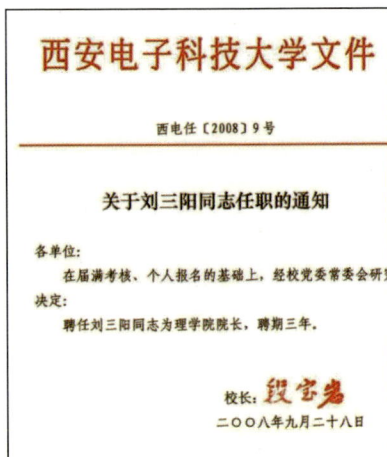

▶刘三阳被授予陕西
省有突出贡献中青年
专家的通知

▶刘三阳荣获第四届
高等学校教学名师奖

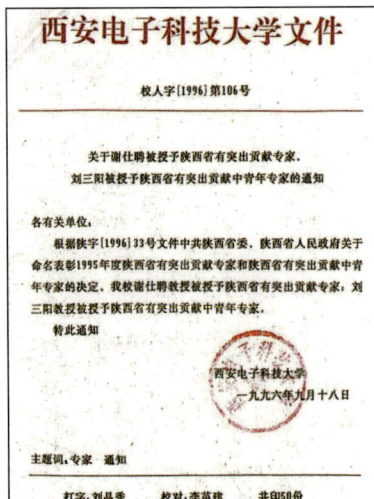

◀刘三阳参加第四届
高等学校教学名师奖
表彰大会

◀刘三阳作主题为
"教学技能进阶之路"
的报告

▶ 1997 年，刘三阳荣获国家级教学成果奖二等奖及陕西省优秀教学成果奖特等奖

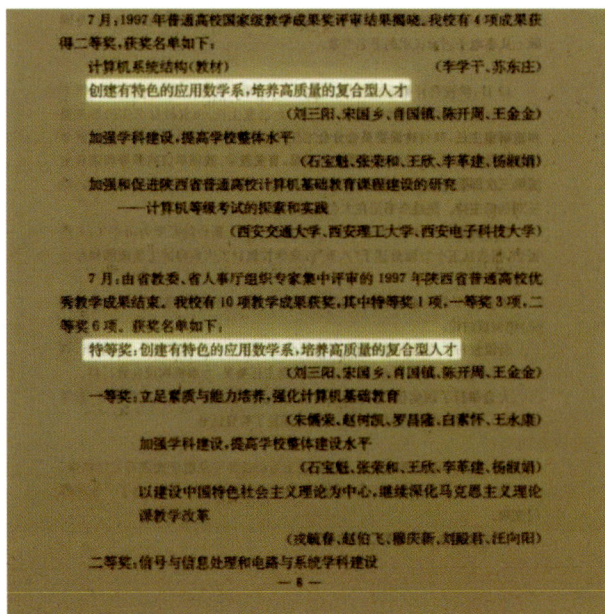

▶刘三阳在西北农林科技大学作报告

◀刘三阳参加陕西省2019年教师节暨优秀教师表彰大会

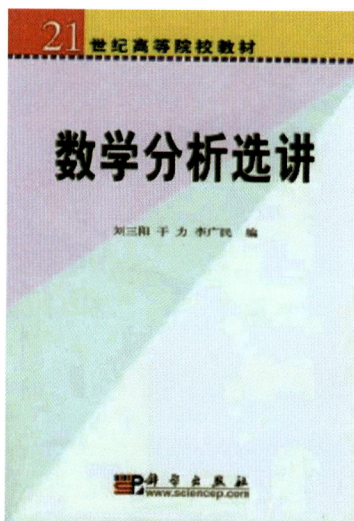

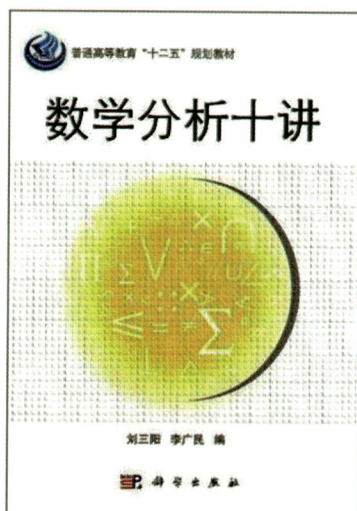

◀《数学分析选讲》

◀《数学分析十讲》

▶刘三阳为学生作科普报告

▶《线性代数选讲》

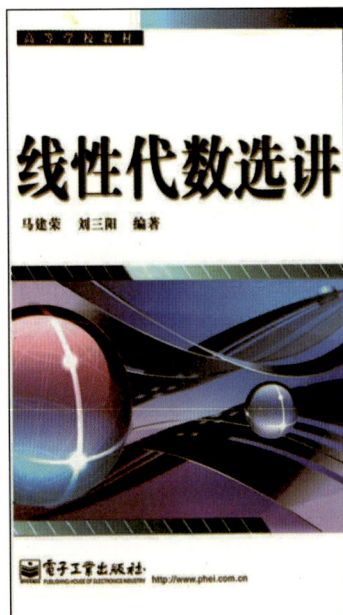

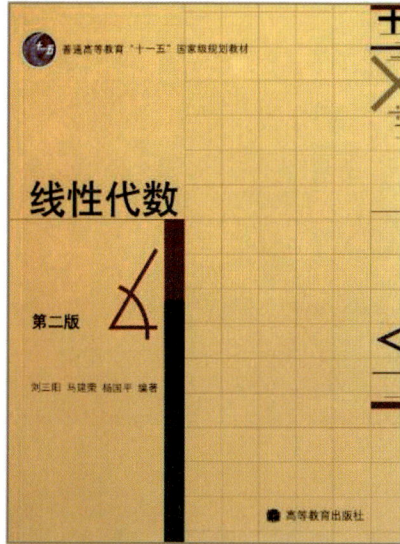

◀《线性代数（第二版）》

◀刘三阳与学生合影

▶刘三阳弟子赠送的牌匾

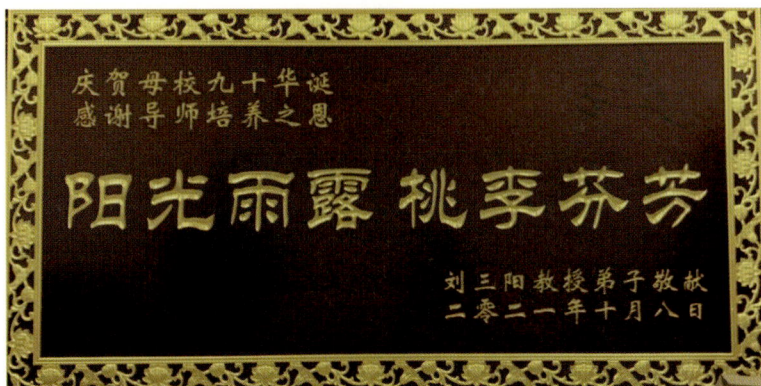

▶刘三阳"最优化团队"荣获西电第四届"三好三有"研究生导学团队荣誉

◀刘三阳参加中华人民共和国第九届全国人民代表大会第一次会议留影

◀刘三阳参加中国人民政治协商会议第十三届全国委员会第四次会议留影

▶陕西省原省长程安东（左）与刘三阳（右）在全国人大会议上合影

▶刘三阳荣获"陕西省教书育人楷模"称号

证　书

授予：刘三阳老师

陕西省教书育人楷模称号。

陕西省教育厅　　陕西省教科文卫体工会委员会

二〇一九年九月

◀刘三阳在英国访问时留影

◀刘三阳和采访小组合影（左起：杨舒丹、刘三阳、卢红曼、田鸽）

裘雪红

与计算机系列教材

伴随着裘雪红主编书籍的广泛使用，西电计算机专业的影响力也得到了扩大。西电计算机科学与技术学科入选国家『双一流』建设学科。计算机科学学科进入 ESI 全球前万分之一，2024 年最新排名为全球第 5 位。

裘雪红，女，1961年12月出生于陕西省西安市。1982年毕业于西北电讯工程学院（今西安电子科技大学）遥测遥控专业并留校任教，1989年6月任讲师，1996年6月晋升为副教授，2004年6月晋升为教授。曾任西安电子科技大学计算机学院计算机应用实验室主任、计算机及应用教研室主任、计算机工程系主任等职务。曾荣获省级优秀教学成果奖一、二等奖，多项校级优秀教学成果奖特等、一等奖，主讲课程获评省市级精品课程、教育部-Intel精品课程和教育部-Sun精品课程。多次被授予"校优秀教师""先进女教工""三八红旗手"等荣誉称号。

裘雪红教授主要从事计算机应用技术教学研究工作，主要科研方向是嵌入系统和多媒体信息处理。她积极参与学校、学院的学科建设，教学改革及课程建设，先后承担省部级、校级教改项目10余项。

北方的初冬，寒潮尚未来袭，浅蓝的天幕一碧如洗，如同洁净的丝绒。朝阳升起，为世界镶上一道耀眼的金边。明媚的阳光从缝隙中穿过，洒在行走于梧桐小道的裴雪红的脸上，形成一道道光影。

退休以后，她时常会来学校里走走，细细观赏校园的一草一木。若草木有灵，或许也正深情凝望着她——它们见证了她的成长。

转眼间，近半个世纪的时光过去了。

半辈子的辛勤付出，一点一滴的积累，似闪烁的阳光、滋润的雨露，让裴雪红教授在自己的研究领域深深扎根，最终枝繁叶茂，荫蔽一方。

## 骑着自行车上大学

眼前的裴雪红老师身材娇小，步履轻盈，既有女性的柔和温婉、淡雅素净，又有工科教授的朴素沉稳。这两种截然不同的气质集于一身，形成了一种与众不同的魅力，仿佛她娇小的身体里蕴含着巨大的能量。

自1978年进入学校学习遥测遥控专业（后改名计算机应用专业，之后并入计算机科学与技术专业）起，她已经在西安电子科技大学工作、生活了40多年，与计算机这一在传统认知中属于硬科技的专业结缘近半个世纪。

她似一棵大树，深深扎根于计算机专业领域，见证了中国计算机理论及应用的发展历程。当她将半生热爱娓娓道来时，整个人散发出夺目光彩，熠熠生辉。

1961年，裘雪红出生于西安。母亲是东北人，父亲是南方人，一南一北的二人因共同援建大西北而结缘。父母都是地质研究所的化验员，虽学历不高，但非常重视子女的教育。年少时的裘雪红，学习成绩一直位居班级前列。

20世纪六七十年代，受计划经济体制影响，户口和编制限制较多，中学生毕业后多是"上山下乡"到农村，或通过社会招工及在父母单位接班等方式留在城市。如果不是恢复高考，成绩优异的裘雪红或许会循规蹈矩地接父母的班，成为实验室的一名化验员。

1977年8月，中央召开了科学和教育工作座谈会，决定恢复中断11年的高考制度，以统一考试、择优录取的方式选拔人才上大学。

高考给了莘莘学子公平竞争走向多种工作岗位的机会。子女的就业不再受父母工作的束缚，未来的人生将由自己掌控。对于普通家庭的孩子来说，这是改变人生的重要途径。

家住西影路的高二女生裘雪红，从书案前抬起头，似乎听到了时代对她的另一种召唤。

在这个人生的重要节点上，命运赋予了她别样的选择。

为了全力备战高考，裘雪红就读的西安市四十五中学，从4个应届毕业班中挑选出成绩较好的学生组成了重点补习班，并抽调了学校各科最好的老师担任主讲。考试那三天，学校老师带队，学生们骑着自行车一同前往考试地点，考完再由老师带回。

1978年7月，裘雪红与同学们在老师的带领下，冷静从容地走进考场，取得了骄人的成绩。"当时考试科目包括语文、数学、物理、化学、生物、政治，只有15分的英语作为参考科目不计入总分。志愿是考后估分填报。"事后她才知道，那场决定她命运的考试，总共有610万考生报名，最终仅有40.2万人被大学录取，录取率约7%。这些被录取的学生可谓是真正的"天之骄子"。

当时的西北电讯工程学院因具有军校背景，对西安普通市民而言，就像蒙了一层面纱，有一种神秘感。文文静静的小女生裘雪红怀有一颗巨大的好奇心，想要走进这所神秘的高校。

少女驰骋，眼眸中有星辰。从此，以梦为马，不负韶华。

她的第一志愿就报考了西北电讯工程学院。在挑选专业时，出于好奇，她选择了遥测遥控专业。如今火爆的计算机专业，在那时藉藉无名。普罗大众连"计算机"是什么都一无所知，那时的裘雪红也从未听说过"遥测遥控"。"家里没有人从事电子行业，我之所以选择这个专业，完全是出于好奇。"裘雪红笑着说。

就这样，那年秋天，当五湖四海的同学乘火车、坐汽车进校报到时，裘雪红骑着自行车，载着自己的未来与梦想，从西影路来到徐家庄，开启了自己的大学之旅。

生活没有既定蓝图，更没有标准答案，裘雪红用自己的行动去拼搏，努力成为自己人生的主角，在中国百废待兴最需要人才时，贡献出宝贵的力量。

回忆自己的求学经历，裘雪红用"幸运"二字形容，没有经历过"上山下乡"，没有感受过高中停课，没有体验过跌宕起伏的求学之路，她非常顺利地参加了高考，并且幸运地成为全家第一个大学生，以应届生的身份考入自己向往的学校。

## 最难忘 大学时光

万千微光，汇成璀璨星河，闪耀夺目光芒。

1978年的西北电讯工程学院，延续多年军队院校的传统，实行半军事化管理，每个班配备班主任。无论老师还是学生，都把自己当成不穿军装的军人。

早上六点半军号响起，同学们快速下楼排好队，由班长带领出早操，然后是早餐、早读，晚上十点半，准时吹熄灯号休息。经历了学校潜移默化的军事教育与熏陶，他们对国家、军队和人民负责的政治责任感愈发强烈，学习氛围也比普通地方院校更加浓厚。

78级考生众多，成为中国高等教育史上一个特殊的群体。他们年龄差异巨大，有些学生社会阅历丰富，求知欲强烈，学习格外刻苦，心态积极向上，敢于拼搏进取。这是一个多数人经历过重重磨难的群体，是一个历经千辛万苦终于改变命运的群体。

当时，西北电讯工程学院计算机专业有120多人，年龄最大的超过30岁，最小的仅15岁；同学中，有已为人父的，有带着工资上学的，有曾经的工农兵学员、知青，也有乡村教师；有思想成熟的大哥哥大姐姐，也有身心尚在发育的小弟弟小妹妹。

裘雪红是班级年纪偏小的学生，又是应届生，从未离开过校门，没有经历过世事，在同学眼中就是一个"小屁孩"。她懵懵懂懂地听着"老大们"天南地北地"聊天"，跟着"老大们"不问缘由地"做事"，受到"老大们"隔三岔五的"教诲"。这些人，既是她的同学，也是她的老师。

那时的西安，资源匮乏，学校的基础设施也较为简陋。校园外是一望无际的麦田，如今北校区校门外车水马龙的南二环，当时只是一条臭水沟。学校里各系学生分楼而居，各系有自己的食堂和专用教室。

裴雪红所在的计算机系学生住21号楼，原计算机系学生食堂在24号楼南边（现已不存在），计算机系专用教室在东大楼，上课和自习在二、三楼，系机房在一楼。每个宿舍住6至8名学生，睡上下铺，使用公共洗漱间，晚上统一熄灯，吃饭每月定量，需用饭票。

除了苞谷面糊糊，最让裴雪红难忘的是学校的玉米面大饼和"钢丝面"。被同学们称之为"钢丝面"的食物，是一种用苞谷面压制成的饸饹，吃时需要用汤泡软，看上去像是鸡蛋面，吃起来却又干又硬，故而得名。图个新奇，偶尔吃一吃还行，要是连着吃就会感觉难以下咽。

"这辈子都忘不了那个感觉。"裴雪红笑着说。

当时，国家尽管并不富裕，却非常照顾大学生，对家境不好的学生每月有等级不同的经济补助。学校食堂每星期会给学生改善一次伙食。

同学们十分珍惜来之不易的学习机会，有一种"要把失去的时间夺回来"的精神。他们或许天资普通，但都明白"锲而不舍，金石可镂"的道理，如饥似渴地学习，很多外地学生甚至从未逛过西安的名胜古迹。这种氛围带动了当时的整体学风。同学们犹如一汪清澈的湖水，从他们的身上，可以看到中国未来的方向。

裴雪红自豪地说："我们的学习是自觉自愿的，晚自习都极少有人缺席，抄作业、逃课和作弊更是会遭到大家的鄙视。教室、食堂、宿舍三点一线是我们的常态。学习好的同学会被羡慕，学习有困难的同学会得到帮助。明显可以感觉到暗中较劲、相互比拼的气氛。"

## 承师恩 立志向

西电的老师们对恢复高考后的77、78级大学生关爱有加。他们仿佛浑身的劲儿终于有了用武之地，似涓涓松下泉，滋润着每一位学生。学校非常重视学生，对他们关怀备至。由于没有高年级的学生，老师们把精力完全倾注在他们身上。

新竹高于旧竹枝，全凭老干为扶持。

裘雪红回忆道："我们有一群敬业且学识渊博的老师。我们常常惊讶于他们超强的记忆力，他们总能信手拈来，融会贯通；我们常常佩服他们聪慧的智力，他们总能另辟蹊径，令人眼前一亮。我们的几位数学老师、物理老师、专业课老师都给我留下了难忘的印象。"

除了埋头苦学，学生们还参加学校组织的多种多样的活动，丰富课余生活。他们在校办工厂做过车工，在农场收过麦子；延续军校传统，由班级组织，打扫校园指定卫生区、拔草、修整操场、修建花园，等等；每年春季，参加学校组织的植树活动，增加校园绿化。

裘雪红说："每年的运动会是大家最开心的日子，参赛的、加油的，人人乐在其中。每年的校文艺汇演和过年过节的班级文艺演出，参演的、观看的，也是其乐融融。我们最盼望的是每周末的免费露天电影，从正面看、背面看各有情趣。各系学生周末自发组织的交谊舞会青春四溢，颇受欢迎；计算机系足球队比赛也是场面火爆，圈粉众多。当然，在有的同学调剂课余生活之际，自习室里也总能看到很多在用功学习的同学。"

虽然年龄在班里偏小，懵懵懂懂的裘雪红却有大志向，她要与班里的同学一决高下，争当班级的排头兵。

毕业后，裘雪红因学习成绩较好而留校。此后，她开始了人生新的旅程，由一棵稚嫩的小树苗逐渐成长，有了属于自己的一片天地。

# "小身板"扛起"大部头"

教材是构成教学过程的基本要素之一，是教师进行教学的依据，是学生获取知识的基本工具，反映了学校的教学水平。因此，教材的质量会直接影响教学的质量。

有句名言说道："一本书像一艘船，带领我们从狭隘的地方，驶向生活的无限广阔的海洋。"在专业学习中，教材便是这样一艘船，在浩瀚学海中引领稚嫩的青年们抵达知识的彼岸。

1977年恢复高考后的首批大学生，实际上也是在1978年入学。为两个年级的学生有效传授文化知识，成为当时大学教育的核心任务。各高校纷纷恢复原有的学科，并开设新的学科，然而教学的基本工具——教材，却很匮乏。由于没有可以采用的公开出版的教材，学校组织了一大批具有教学经验的教师，根据教学计划要求，结合专业开始自编教材。

这些教材形式多样，有的是教师手写、油印的小册子，有的是没有书号、内部发行的讲义。教材内容，有的来自多年科研经验总结，有的翻译自外文书籍。其中一部分教材经过多年的沉淀、修订，成了经典。

留校时，裴雪红不足21周岁。随着教学经验的逐渐丰富，她很快加入了编写教材的队伍。

受军队办学历史的影响，为国、为公、为民的奉献精神和意识在西电成为一种潜移默化的文化，不断影响着裴雪红和她身边的人。

留校后，学院的李伯成、侯伯亨等老教授手把手地教她如何备课，如何讲课，如何做项目，如何编写教材。老师们认真的工作态度、思路清晰透彻的讲解、工整的板书，深深影响着她，为她从事计算机教学和科研工作奠定了基础。

老一辈导师的言传身教，似和煦的春风，轻轻吹拂她的脸庞；如冬日的暖阳，照耀着她的心房，让她传承了讲奉献、能吃苦、肯钻研的西电精神。

20世纪90年代，因教学需要，裴雪红开始编写讲义《数据采集与处理》，这是她独自筹划、主编的第一本教材。

她回忆，这本讲义能够编写成功，侯伯亨教授功不可没。从结构到写作思路，再到文字风格，侯教授给予了全程指导。那时候，她既要照顾年纪尚小的孩子，又要完成艰巨的教材编写任务，她克服困难完成了这本32万字的讲义。由于硬件条件落后，电脑尚未普及，这本讲义全部由她手写完成。

这本讲义获得了校优秀讲义三等奖，为裴雪红未来的教材写作之路奠定了基石。后来，她又陆续参编了由侯伯亨主编的《IBM PC微机应用系统设计》等两本教材，以及由李伯成主编的《16/32位微型机应用手册》等三本教材，均取得了良好的社会反响。

新的机遇在时代的天际线显现，必须趁起风时扬帆。

进入千禧年后，计算机技术突飞猛进，无数的机会和挑战迎面而来，计算机专业也得到飞速发展。在那个日新月异的年代，社会大众对计算机专业有了更多的了解和需求。

在时代的呼唤下，裴雪红加快了编写教材的步伐。21世纪后，她开始主编《微型计算机原理及接口技术》。她与李伯成、侯伯亨、顾新老师一起，查阅了无数资料，请教了多名专家，最终完成了55.5万字的教材。

自2001年面世以来，这本教材一版重印7次。此后，该教材分别在2007年、2015年、2024年进行再版，全四版共计重印23次，并获得"十二五"普通高等教育本科国家级规划教材、普通高等教育"十一五"国家级规划教材、2008年度普通高等教育精品教材、2020年陕西省高等教育本科教育优秀教材一等奖等荣誉，被中山大学、中国海洋大学、南京航空航天大学等多所院校选用。

随着新的教学培养方案的制订，西电的计算机科学与技术专业将"计算机组成原理"和"计算机系统结构"这两门独立课程整合为一门课程。虽然"计算机组成与体系结构"这门新课有一些国外教材，但裘雪红和课程组成员认为，仍然需要一本在内容上契合国内计算机专业教学大纲、实践性比较强、融合新技术且符合教学要求的教材。

为此，2009年，她主持编写了这门新课的配套教材《计算机组成与体系结构》，并由高等教育出版社出版。2012年，她组织重新编写了该教材并更名为《计算机组成与系统结构》。目前，这本教材已再版，被武汉理工大学、西南交通大学等院校选用，并获评"十二五"普通高等教育本科国家级规划教材和校第十七届优秀教材一等奖。

学科建设和教材建设紧密相关，学科的发展直接影响教材的内容与结构，教材出版传播的持续性和广泛性也深刻作用于学科的影响力。随着裘雪红主编书籍的广泛使用，西电计算机专业的影响力也得以扩大。

武汉理工大学李宁老师发来邮件："我在寒假期间仔细拜读了您编著的教材《计算机组成与系统结构》，感觉这本教材结构完善、内容新，明显领先于国内其他同类教材，与国外经典教材同步，因此拟采用您的教材作为下学期的教材。您的第二版增加了RSIC-V相关介绍，这是我比较感兴趣的，因为我这边也参考UCB（加州大学伯克利分校）的讲义。"

郑州大学计算机学院赵文同学在邮件中写道："我和班里十多位同学都借了您的这本书，感觉很实用。"

## 严谨认真　是她的人生底色

岁月不居，时节如流。窗外日光弹指过，席间花影座前移。

转眼间，那位文静的小女孩已在西电度过了半生。穿行在熟悉的校园，裴雪红的脑海里总会浮现起40多年前收到录取通知书的那个激动瞬间，以及骑着自行车去学校报到的那个清晨。

当年懵懵懂懂的女孩，出于好奇填报的专业，竟然与她相伴一生。

回忆当年，她读本科时，全球计算机尚未普及，国内软硬件更是落后，全校仅有一台PDP-11小型计算机和为数不多的台式计算机。

PDP-11小型计算机是一种现在看来古老的电子设备。上机前需要把编好的程序交给纸带穿孔员，穿孔员在打孔机上将程序打到纸带上，这样计算机才能读取外部输入的程序。如果打错孔，就需要用胶水在纸带上打上补丁重新打孔。

唯一的这台小型计算机，并不能满足计算机专业100多名师生的需求。大学时期，裴雪红能够"上机"的机会少之又少，这台宝贝计算机，更多地是用于教师学习和学生参观。

任何美好的理想，都离不开筚路蓝缕、手胼足胝的艰苦奋斗。如今，计算机已经走进千家万户，计算机行业更是发展飞速。现在校园里每人都能用上计算机，早已没有曾经全校共用一台计算机的窘境。

在包括裴雪红在内的全体老师们的努力下，西安电子科技大学计算机科学与技术学科入选国家"双一流"建设学科，在第五轮学科评估中获评"A"；2024年，计算机科学学科ESI排名首次进入全球前万分之一，最新排名全球第5位。

与专业共同成长，裴雪红激动而自豪，她怀揣理想初心，付出绚丽韶华。老一辈西电人留下来的奉献精神，如永恒不灭的火把，通过她和无数优秀的教师，代代传递。

有的青年教师刚开始上课，没有什么信心。前去听课的裘雪红会给这些青年教师提出一些建议，给他们打气。她尽自己所能去帮助青年教师，例如，在主持教学项目、编写教材时，她会有意识地让一些青年教师参与进来，希望他们能够学到更多东西。

青年教师王文俊说："裘老师很负责任地在帮助我们成长。我坐班车时经常碰到裘老师，就向她请教一些课程内容和讲课技巧方面的问题，裘老师都很耐心地给我讲解，把复杂抽象的问题用通俗易懂的方法讲给我。真的能感觉到她是在毫无保留地传授知识，让我受益匪浅。那段时间，我上'数字信号处理'这门课程时，教学能力提升很快。"

认真，是同事与学生对裘雪红的一致评价。

与她一起编写《微型计算机原理及接口技术》和《计算机组成与系统结构》的车向泉老师还记得，有几次深夜给裘老师发邮件，总能在第一时间收到回复。裘老师是两本书的主编，所有作者的稿子都会交给她，由她进行统稿，每一处引用、每一个英文缩写，她都要找出参考文献，下载原文，反复核对。

硕士生马婵娟感慨道："裘老师对待任何事情都十分严谨认真，无论是论文的指导还是科研工作的建议，她都认真为我提供帮助，教导我遇事细心耐心。从她身上我学到了对事情的尊重、做事情的严谨。能够成为她的学生，是我今生的幸事。"

学生田少卿在论文致谢中深情地表示："裘老师严谨的治学态度、兢兢业业的工作作风、平易近人的人格魅力令我由衷敬佩。"

参加过国家大学生创新项目的王晓龙说："我们通过电子邮件发给裘教授的文档，总会在最短的时间内得到回复。所有不足的地方她都会通过批注指出来，并给出修改意见。在这个过程中，我们学到了很多，而一看回邮件的时间，往往是凌晨一两点，这让我们很感动。"

裴雪红把"认真"二字也贯穿到生活中。贾双江在研一时档案丢失，十分着急。学生的档案关系到未来求职、升学等一系列大事。裴老师积极联系辅导员，与相关老师配合，最终找到了丢失的档案。指导毕业论文时，裴老师经常加班，仔细修正文章中的每一个问题。贾双江说："三年来，裴老师像明灯一样，在我迷惘困惑时指明前进的方向。"

"板凳要坐十年冷，文章不写一句空。"从1992年裴雪红在稿纸上写下讲义的第一行算起，迄今已经30多年了。回望过去，裴雪红教授说："严谨认真，是我的人生底色。我对自己的要求很简单——虚心做人，良心做事，诚心待人，热心待事。"

她寄语青年教师和学子："由衷希望我们的青年教师爱国爱校、爱岗尽责，对工作要有敬畏之心，对学生要有诚挚之心；由衷希望我们的学生能够以国为重，学以致用，潜心钻研，成为攻克计算机领域难关的参与者、我国计算机领域的栋梁之材、世界计算机领域的佼佼者。"

蓦然回首，耳畔是难以忘怀的岁月回响；登高望远，行囊里装满了非同寻常的时光馈赠。

裴雪红教授迎着朝霞出发，踏着星光返回，在数十年的辛苦耕耘中开拓出一片新的天地。在她的心中，对事业的爱是一腔赤诚，是愿意把一件事情做到极致，是回首过往仍觉回味无穷，是经历半生仍初心不改。我们仿佛透过漫长的发展之路，看到了那个文静的小女生，眼神坚定，勇敢地迈向未来……

【撰稿：王佳（西安电子科技大学档案馆/校史馆/博物馆特约作者）】

## 裴雪红出版教材一览表

| 序号 | 出版教材名称 | 出版时间 |
|:---:|:---:|:---:|
| 1 | 《IBM PC微机应用系统设计》 | 1994年 |
| 2 | 《16/32位微型机应用手册》 | 1996年 |
| 3 | 《Windows 95C和C++的程式设计》 | 1996年 |
| 4 | 《单片微型计算机原理及应用》 | 1998年 |
| 5 | 《微型计算机原理及接口技术》 | 2001年 |
| 6 | 《微型机应用系统设计（第二版）》 | 2001年 |
| 7 | 《微型计算机原理及接口技术（第二版）》 | 2007年 |
| 8 | 《计算机专业毕业设计宝典》 | 2008年 |
| 9 | 《计算机组成与体系结构》 | 2009年 |
| 10 | 《计算机组成与系统结构》 | 2012年 |
| 11 | 《单片微型计算机原理及应用（第二版）》 | 2013年 |
| 12 | 《微型计算机原理及接口技术（第三版）》 | 2015年 |
| 13 | 《计算机组成与系统结构（第二版）》 | 2020年 |
| 14 | 《微型计算机原理及接口技术（第四版）》 | 2024年 |

► 1978 年，裘雪红
中学时期数学竞赛准
赛证

► 1978 年，裘雪红
中学时期数学竞赛获
奖通知及奖状

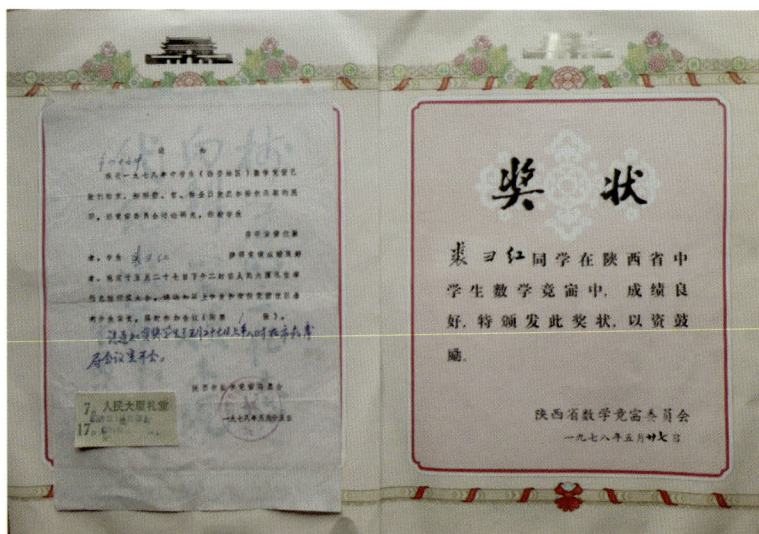

毛主席语录

我们的教育方针，应该使受教育者在德育、智育、体育几方面都得到发展，成为有社会主义觉悟的有文化的劳动者。

编号：780020

学生 裘雪红，性别 女，现年 17 岁，在我校 高 中部学习期满，准予毕业，特发此证。

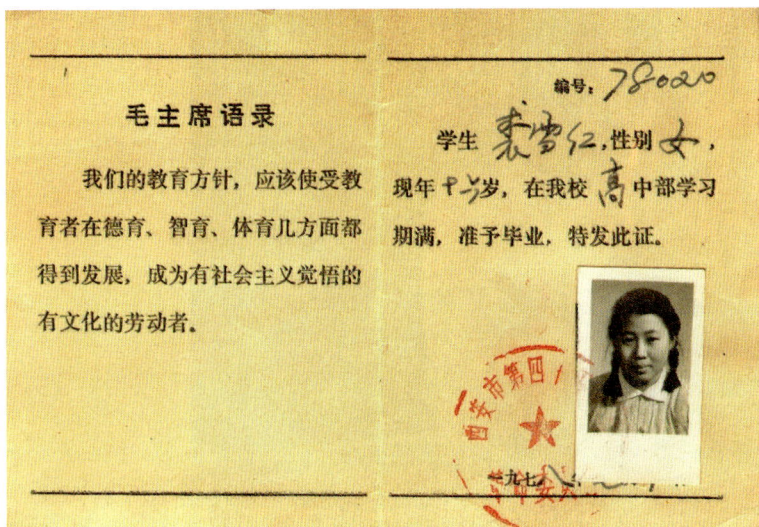

◀ 1978 年，裘雪红中学时期毕业证

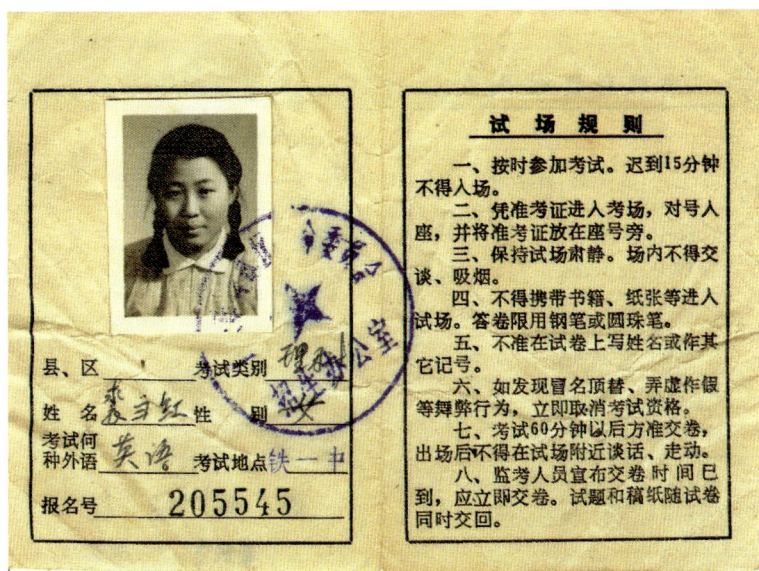

◀ 裘雪红的高考准考证

### 试 场 规 则

一、按时参加考试。迟到15分钟不得入场。

二、凭准考证进入考场，对号入座，并将准考证放在座号旁。

三、保持试场肃静。场内不得交谈、吸烟。

四、不得携带书籍、纸张等进入试场。答卷限用钢笔或圆珠笔。

五、不准在试卷上写姓名或作其它记号。

六、如发现冒名顶替、弄虚作假等舞弊行为，立即取消考试资格。

七、考试60分钟以后方准交卷，出场后不得在试场附近谈话、走动。

八、监考人员宣布交卷时间已到，应立即交卷。试题和稿纸随试卷同时交回。

县、区　　　考试类别

姓 名 裘雪红 性别 女

考试何种外语 英语 考试地点 铁一中

报名号 205545

▶ 1981 年，裘雪红
与同班姐妹合影留念
（右一为裘雪红）

▶ 1982 年，裘雪红
大学毕业合影

西北电讯工程学院计祘机系七八级毕业留念
1982年5月4日

◀ 1982 年，裘雪红
与四年宿舍姐妹在北
校区合影（右三为裘
雪红）

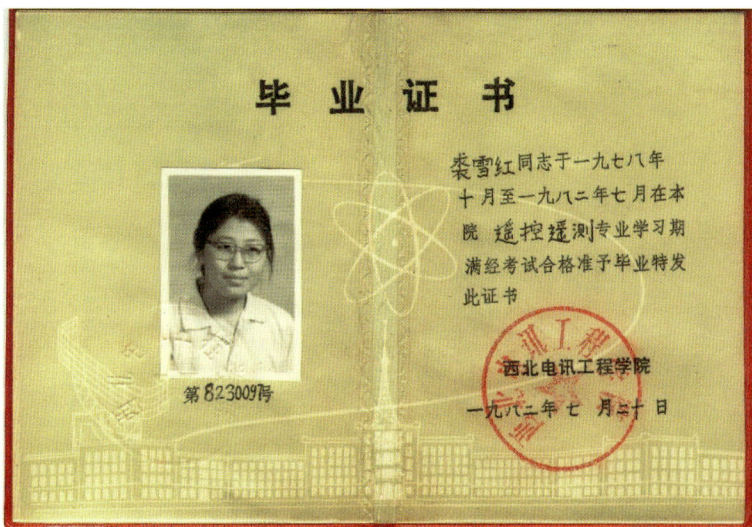

◀ 1982 年，裘雪红
大学毕业证

▶裘雪红硕士学位证书

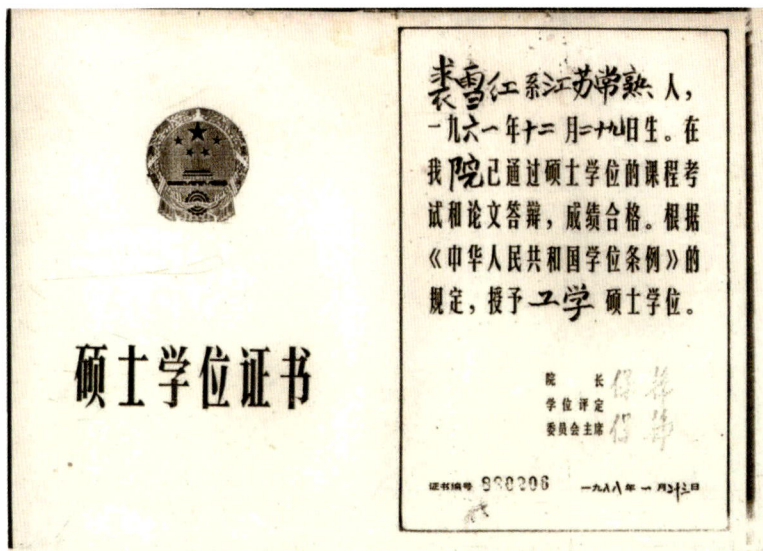

▶1982 年 7 月，裘雪红留校纪念留影

▶1996 年，裘雪红成为中共党员

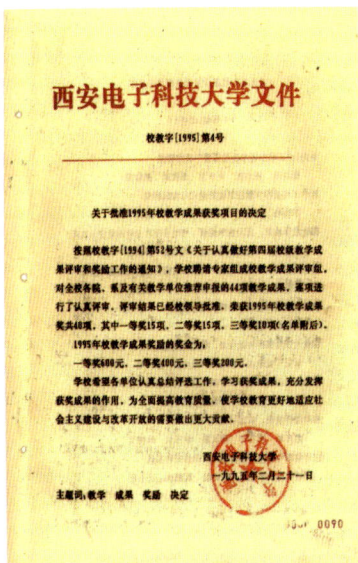

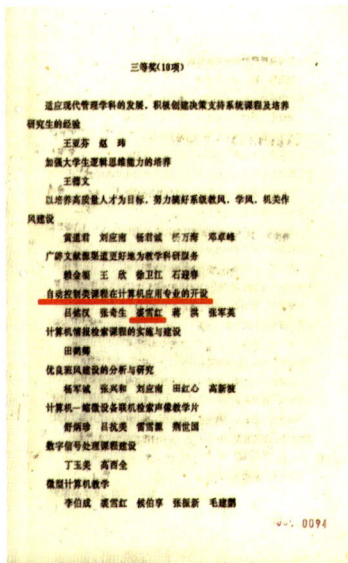

◀ 1995 年，裘雪红获
校教学成果奖三等奖

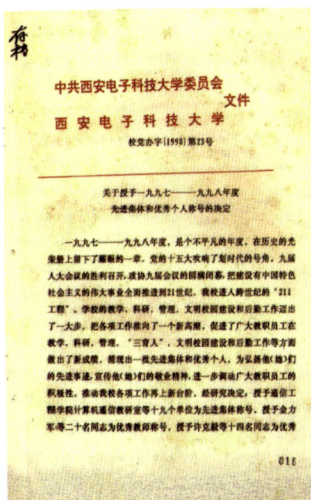

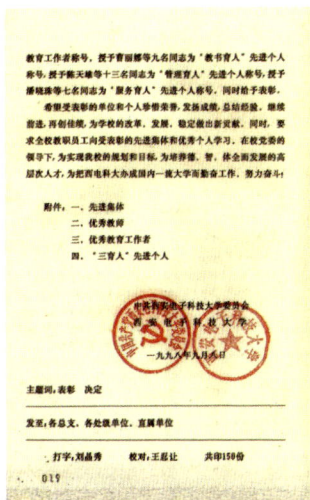

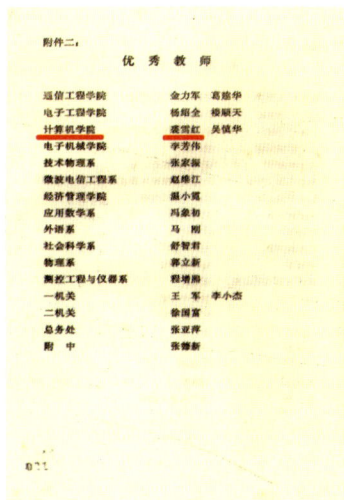

▼ 1998 年，裘雪红荣
获"优秀教师"称号

▶裘雪红工作照

▶《微型计算机原理及接口技术》

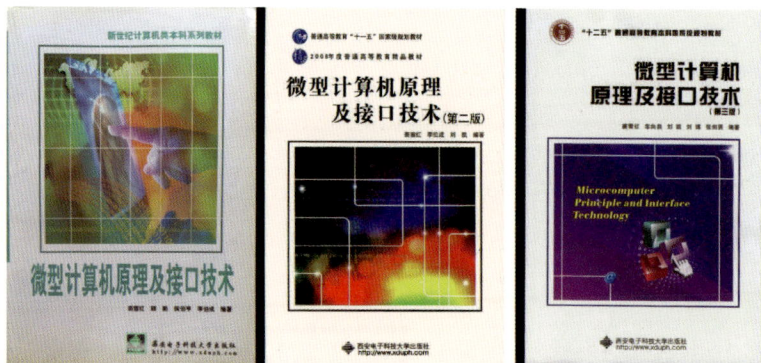

▶《计算机组成与体系结构》与《计算机组成与系统结构》

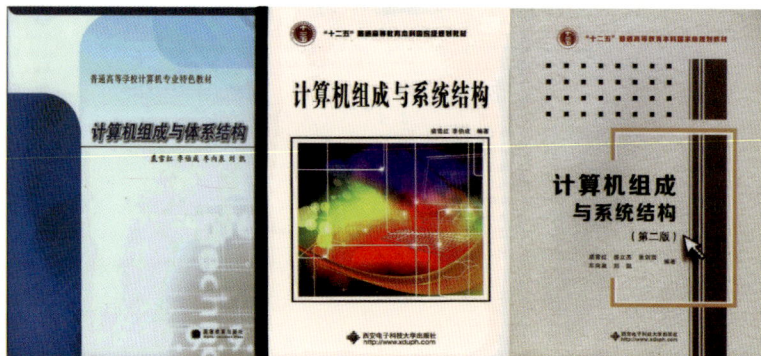

◀裘雪红等人荣获陕西省教学成果奖二等奖

◀裘雪红等人荣获陕西省教学成果奖一等奖

► 2008 年，裘雪红荣获"三八红旗手"称号

►裘雪红线上授课

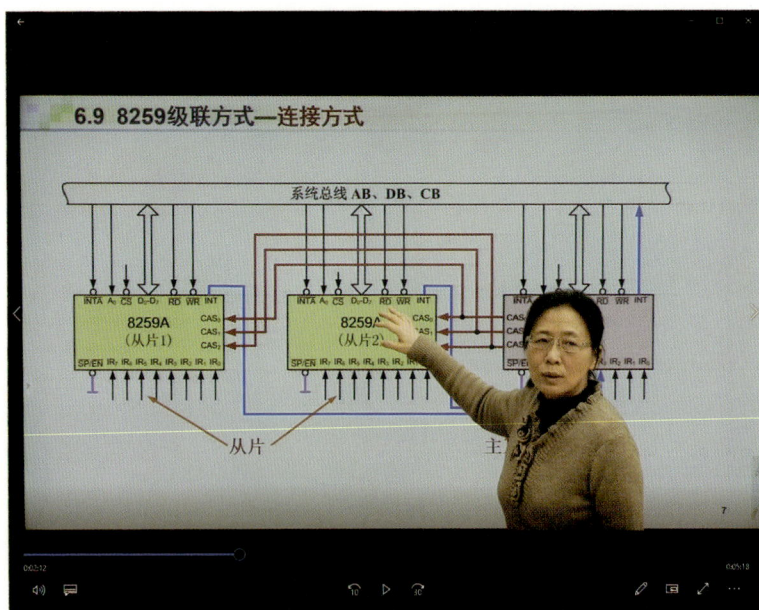

◀ 2008 年，裴雪红荣获"校第四届教学名师奖"

◀ 裴雪红荣获 2015—2016 学年度"师德标兵"称号

◀ 裴雪红进行会议研讨

▶裘雪红与硕士论文
答辩学生合影

▶裘雪红与学生合影

◀裘雪红对青年教师
讲课比赛进行点评

◀裘雪红和采访小组
合影（左起：强薇、
裘雪红、王佳）

李建东

与移动通信

他殷切期望：青年人要做一流的科研，什么叫一流的科研？能写进教材里的成果就是一流的科研，如果能写进中学教材那就更厉害了，青年人应该为这一至高的目标而努力。

李建东，男，1962年10月出生于江苏省盐城市阜宁县。1982年本科毕业于西北电讯工程学院（今西安电子科技大学）无线电通信专业；1985年硕士毕业于西北电讯工程学院并留校任教；1990年博士毕业于西安电子科技大学通信与电子系统专业，同年，被破格提升为副教授；1992年起享受国务院政府特殊津贴；1994年被评为教授；1996年获评博士生导师。曾任西安电子科技大学通信工程学院院长、校党委常委、副校长，合肥工业大学党委常委、副校长等职务。现为中国通信学会会士、中国电子学会会士、IEEE Fellow、国家新一代宽带无线移动通信网重大专项总体组专家、工信部宽带无线IP技术标准工作组组长、第七届国务院学位委员会学科评议组成员、教育部"宽带无线通信"创新团队带头人。

李建东教授是我国信息与通信工程学科带头人之一，是长江学者特聘教授和国家杰出青年科学基金获得者，其以卓越的学术成就和深厚的学术底蕴，成为国内外学术界的杰出代表，培养了大批优秀的通信人才，为我国通信事业的进步作出了重要贡献。

在香港电影中，周润发、刘德华等众多明星饰演的人物，都有过手持"大哥大"的拉风造型。从奢侈品的代名词"大哥大"到如今飞入寻常百姓家的5G手机，移动通信的飞速发展，让我们的生活发生了翻天覆地的变化，深刻地改变了世界。

在我国移动通信事业发展的浪潮中，有两本教材作出了不容忽视的贡献。这两本教材曾先后入选普通高等教育"十五""十一五"国家级规划教材，被全国众多开设通信专业的高校广泛使用，在高校培养大批移动通信领域科技人才的过程中发挥了重要作用。

这两本教材就是由我国信息与通信工程学科带头人之一、西安电子科技大学原副校长李建东教授主编的《移动通信》和《通信网络基础》。其中，《移动通信》总印量高达32.4万余册，以西安电子科技大学现有各类全日制在校生3.7万余人估算，相当于近9所如此规模的高校的所有学生人手1册。

## 在村小苦读的江南少年

1978年，当改革开放的讯息为神州大地送来一缕新时代的春风时，远在大洋彼岸的美国贝尔实验室的科学家们，也迈出了人类通信史上伟大的一步：他们在芝加哥成功测试了世界上第一个具有随时随地通信能力的大容量蜂窝移动通信系统，并于1983年正式投入商用。

这一伟大的新技术，很快改变了人们的通信方式，让世界无限联通。

而彼时，在中国西北腹地，有着3000年历史积淀的古都西安，迎来了一位来自江苏的16岁少年。他心怀好奇、懵懂地考入开辟了我国电子与信息学科先河的西北电讯工程学院。

此时，他并不知道，自己出于"好玩"随意选择的无线电通信专业，日后会成为支撑社会经济发展的核心技术基础和保障国防安全的重要基石。而他自己，也将在中国通信发展史上书写下浓墨重彩的一笔。

这个少年就是日后成为我国信息与通信工程学科带头人之一的李建东。

李建东1962年出生于江苏省盐城市阜宁县一户普通的农家。父亲只有小学文化程度，母亲基本不识字，但母亲一直有一个坚定的信念，那就是：上学很重要，读书很重要。

李建东记得，儿时，母亲曾不止一次对他们兄妹说："家里就算砸锅卖铁，也要供你们读书。"这位大字不识几个的母亲之所以这样说，是因为从身边亲友身上切切实实看到了知识对命运的改变。李建东的大伯和伯母，因为上过小学有一点文化，他们全家就可以摆脱"面朝黄土背朝天"的辛苦劳作，成为令农村人非常羡慕的不用干农活、每月还能领工资的工人。

小学阶段，李建东读的是村小，条件很艰苦。由于师资和校舍有限，不同年级的学生混在一起上课，比如，四年级和二年级混在一个班。上课时，老师先讲20分钟四年级的课，然后再讲20分钟二年级的课。

就是在如此简陋的条件下，儿时的李建东始终牢记母亲说的"知识可以改变命运"，刻苦求学。

那时，放学一回家，他就像很多农村孩子一样，要做各种各样的农活：给蔬菜浇水，给庄稼除草、施肥，扛着一麻袋稻谷去加工粮食……农忙时节，大人们常常一大早就下地干活了，李建东就起个大早，给家人煮一大锅稀饭或蒸一大锅红薯，这样，家人回到家里就能立刻吃上热乎饭。

"作为家庭的一分子，要为家庭作贡献。"李建东从小就懂得了这一点。

## 结缘西电 创多个"最年轻"

"未觉池塘春草梦，阶前梧叶已秋声。"当初似乎无比漫长的少年时光，就这样在刻苦求学与辛勤劳作中一晃而过。

1978年，李建东从阜宁县沟墩中学毕业，参加了那场改变他一生的高考。他至今还记得，高考时有一道物理题比较难，但是他做出来了。走出考场，他特别兴奋。最终，他以高出录取分数线近50分的成绩，考入西北电讯工程学院，就读无线电通信专业。

彼时，远在江苏的16岁少年，并不知道他考入的这所学校有着怎样的光辉校史，它曾是毛泽东等老一辈无产阶级革命家亲手创建的我党我军第一所工程技术学校，更不知道它就是曾经赫赫有名的"西军电"。

"那时，我只知道学校在西北，具体在哪里都不知道。"李建东教授脸上泛起笑意。无线电通信专业也是他随意选择的，可能因为"听起来比较好玩"。

在西北电讯工程学院，李建东度过了充实而难忘的大学生涯。每天早上，号声一响，同学们就要立刻到操场上出操。早读时间，同学们要读英语。午饭前的活动课时间，同学们会一起打篮球，舍友们还会在饭后一起下象棋。学校还定期在操场上给学生放映露天电影。学校伙食也很好。因为经常吃馒头，上大学不久，他就比之前胖了不少。

最让他感念至今的是，当时学校有一批治学严谨、认真负责的优秀教师。

"比如，秦荻辉教授，他的科技英语语法教得特别好。你就算不会读英语，只要按照秦老师的方法，循着语法规则，就能看懂英文资料。"李建东教授说。他是上大学后才开始学英语的，基础比较弱，但是在秦教授富有特色的英语教学方式培养下，他阅读英文著作、撰写学术论文的能力一步步得到提高，这为他日后从事学术研究打下了扎实的语言基础。

当年，为他讲授过"高频电子线路"课程的李纪澄老师工整的板书，也让他印象深刻。还有一位他想不起名字的物理老师，每次上课前，会先告诉同学们这堂课学什么，学完后会得到什么重要结论。同学们对这堂课有了大致了解，听起课来往往更专心。

西电这些优秀教师严谨的治学态度，倾心育人的师者风范，不仅引领他日后从事学术研究、在科研领域展翅翱翔，还在潜移默化中塑造了他日后的教学风格，为他成为一名优秀教师打下了扎实的根基。

大学期间，同窗之间的深厚情谊，也让李建东每次回忆起来都觉得弥足珍贵。那会儿，他经常和同桌杨小牛一起讨论老师讲的课程内容和作业，共同进步。杨小牛家庭条件比较好，有一块手表，李建东非常羡慕。他经常借杨小牛的手表看时间，后来，这块手表终究被他们拨弄坏了。

朋辈间的互相激励，极大地带动了彼此的学习积极性。后来，杨小牛成为著名的信号处理技术专家，并当选为中国工程院院士，再次印证了"院士校友多"的人才培养"西电现象"。

兴趣是最好的老师，是一个人不畏艰难、勇攀高峰的强大精神动力。本科四年，李建东对神奇的无线电通信技术产生了浓厚的兴趣。本科毕业后，他师从郭梯云教授，攻读硕士研究生，研究方向为通信与电子系统。

"基础理论扎实，学习成绩一贯优良，思想比较活跃，综合能力强……"这是1985年李建东硕士毕业时，导师郭梯云教授在李建东的研究生业务鉴定表中对他的评价。

1985年获得硕士学位后，1990年，李建东又取得了工学博士学位。

读博期间，他完成了"多信道自组织分组无线网"的大部分研究工作。当时，关于自组织通信网络的研究，国外也才刚刚起步，能找到的参考资料寥寥无几，一切都要靠他从头做起。为了得到可靠的实验数据，艰苦的野外通信实验、短波自组织网拉距测试是家常便饭。在导师的指导下，从设计原理到搭建系统模型，再到实验测试，李建东牵头完成了一套多信道分组无线网络系统的研究项目。

他提出的多信道自组织算法，能够显著增强通信网络的自适应能力，达到了国际先进水平。国内第一个全分布式控制的分组无线网络实验系统由此诞生。

这个系统对部队生产和装备分组无线电网产生了重要影响。通过与协同单位的合作，李建东所在的课题组先后推出了3代实验装备，研制了军用分组无线网络系统，研究成果获机械电子工业部科学技术进步奖三等奖。

"春风得意马蹄疾，一日看尽长安花。"用这句诗来形容李建东的成长历程一点也不为过。他在西电开创了多个"最年轻"。

1990年，李建东获得工学博士学位后，破格晋升为副教授，时年28岁，成为西电最年轻的副教授；1994年，他又晋升为教授，是西电最年轻的教授之一；1996年，他被评为博导，是西电最年轻的博导之一；同年，他被评为1995年度电子工业部有突出贡献专家；1997年，他开始担任西安电子科技大学通信工程学院院长，是西电最年轻的院长之一；2012年至2020年，他担任西安电子科技大学副校长。

## 获国家技术发明奖二等奖

如今，李建东教授已成为我国信息与通信工程学科带头人之一，先后主持"863计划"重大课题、国家自然科学基金重大项目等，获国家技术发明奖二等奖2项、省部级科技进步奖6项，主持并推动了4项无线局域国家标准的制定和实施。

他长期致力于密集无线接入技术的通用方法和工程实现的研究，在工程科技领域取得了一项又一项令业界瞩目的研究成果。

20世纪末至21世纪初，我国不仅面临无线局域网安全接入技术被美国等发达国家垄断的"卡脖子"难题，也迫切需要通过无线局域网和蜂窝网系统互补融合扩大无线网络的覆盖范围。

面对这一局面，李建东教授在国家"863计划"等项目的支持下，提出了大规模异构网络自组织组网理论及技术，以及异构自组织资源管理架构，发明了无线局域网自主接入、网络移动、异构网络分流传输的方法，解决了网络资源与业务流传输需求有效适配的难题，使网络资源的利用率提升1倍，有效组网规模提升了1个数量级。

他牵头研发出的无线局域网接入设备、移动宽带热点设备、异构网络联合资源管理设备，被全球多家运营商广泛应用。相关技术还应用于智慧城市、交通、安防等国家重点领域，取得了良好的社会和经济效益，并荣获2014年国家技术发明奖二等奖。

在一些大型活动现场或人群密集场所，很多人都有过手机"有信号、无服务"的困境。针对这一问题，李建东教授带领团队发明了网络化资源动态管控技术，提出了业界领先的超密集异构无线网络整体解决方案，研制出使能网络化资源管控技术的密集接入设备。

该技术解决了密集智慧城区、机场、大型体育场馆等典型密集区域出现的"有信号、无服务"问题，是新一代移动通信系统深度覆盖建设的核心技术。为此，李建东教授再次作为第一完成人，获得了2017年国家技术发明二等奖。

他攻克了重点区域、大型交通枢纽和体育场馆等密集接入系统的深度容量覆盖问题，以及北京田径世锦赛、冬奥会等重大赛事和活动的信息共享、要闻实时播报的密集接入的难题，取得了系统性重要研究成果，为我国4G和5G系统密集化建设及4G+和5G+行业发展作出了突出贡献。

此外，他牵头制定了4项无线局域网接入安全（WAPI）国家标准，该标准已被全球无线局域网250亿颗芯片和2.1万款设备采用，打破了发达国家及其跨国公司的技术垄断，是我国科技创新在世界范围内具有重大意义和影响的标志性事件。

## 深耕通信领域 培育创新人才

作为西电优势学科信息与通信工程的带头人，李建东教授聚焦国家无线通信网络发展的重大需求，深入推进教学改革和人才培养，培育造就了众多拔尖创新人才。

自1985年硕士毕业留校任教至今，他先后多次荣获"全国教育系统先进工作者"、教育部"青年教师奖"、西电"教书育人先进个人"、"十佳师德标兵"等荣誉称号与奖励，获国家级教学成果奖2项。

李建东教授还是西电"智能宽带无线通信网络"导学团队的创始人。在他的带领下，团队面向国家"天空地一体化"无线网络及跨学科融合重大项目需求，获得多项国家级科技奖励，并获得国家自然科学基金委员会创新研究群体及科技部、教育部创新团队等多项殊荣。

团队先后培养出国家级人才3人、国家级青年人才2人，为续写人才培养"西电现象"、全面提升拔尖创新人才自主培养质量作出了突出贡献。

李建东教授的课堂以生动有趣著称。他授课注重深入浅出，善用比喻，常将高深的专业知识类比成生活中司空见惯的事物，让学生一听就懂。他还非常注重知识间的相互联系，告诉学生现在学的知识与过往所学有何关联，并且注重理论联系实际，经常将自己在科研中遇到的问题讲给学生们听，以便学生能更深刻地理解所学内容。

他上课时，曾有老师随堂旁听，还将他的授课内容录成音频，回去后反复琢磨学习。

目前，由李建东教授作为创始人，西电通信工程学院盛敏教授、刘俊宇教授担任主讲教师的"通信网络基础"课程，已入选国家精品在线开放课程和国家级线上一流本科课程，并成为首批上线国家高等教育智慧教育平台的课程。该课程在MOOC平台上已成为同类课程中选课人数最多、影响最佳的课程之一。

此外，该课程（共28集）已全部在中共中央宣传部"学习强国"平台上线，播放量居同类课程首位，达480.4万人次。课程组的教学理念和方法得到了领导、专家、同行的一致认同，而这些教学理念和方法都源自李建东教授。

## 主编两本通信教材

在繁忙的教学、科研与管理工作之余，李建东教授还将不少时间与精力倾注于教材编写。多年来，他出版了多部专著和教材，其中最有影响力的是《移动通信》和《通信网络基础》。

1978年，第一代移动通信系统在美国的贝尔实验室测试成功。到20世纪80年代中期，欧洲和日本均建立了自己的蜂窝移动通信网络。我国移动通信起步虽晚，但发展极其迅速。紧跟技术发展，20世纪80年代，时任西电无线电一系主任的郭梯云教授，就带领教师们将无线通信技术融入课堂教学，并撰写了大量移动通信方面的讲义。

为了方便通信工程等专业的学生和科技人员学习，1995年，已71岁高龄的郭梯云教授带领邬国扬教授、张厥盛教授，以10年来为本科生、研究生讲授移动通信的讲稿为基础，参考国内外最新的专著、教材和文献资料，编写出版了《移动通信》这本教材。

此后，随着技术的迭代升级，很多院校为了培养移动通信领域的科技人才，纷纷为本科生和研究生开设了"移动通信"课程。在这种背景下，1999年，郭梯云教授作为主编修订出版了《移动通信》教材第二版。此时，已晋升为教授的李建东也加入了该教材的编写团队。

随着移动通信技术的不断发展，这本教材多次修订再版。因为导师郭梯云教授年事已高，李建东接过导师的"接力棒"，成为这本教材的主编，主导了该教材第三版、第四版、第五版的编写工作。

该教材自出版以来，被全国很多开设通信专业的高校选用，总印量高达32.4万余册，其中，第四版、第五版入选"十一五"国家级规划教材。

经常有学生和通信专业的教师遇到李建东教授时，提及使用过这本教材，还有教师写信给李建东教授，索求该教材的教案。

"我们这本教材有两点特色：一是讲清楚了移动通信的原理，二是讲清楚了移动通信的系统构成。我们把移动通信领域能遇到的主要问题和基本原理都讲清楚了，这也是这本书受欢迎的主要原因。"李建东教授说。

李建东教授主编的另一本影响深远的教材是《通信网络基础》。该教材第一版、第二版先后入选"十五""十一五"国家级规划教材，在电子科技大学、北京交通大学、北京工业大学等全国20余所高校得到广泛使用，第一版和第二版总印量3.7万余册。

该教材的编写，与通信技术的快速发展密切相关。21世纪初，通信网络在传统的电话交换网、分组交换网、计算机通信网的基础上得到了飞速发展，涌现出多种新型的网络和技术，并向下一代Internet、全光网络、第4代移动通信等方向发展。

"随着通信技术的日新月异，通信技术已从原来的点对点传输变成了网络传输，我们之前为学生教授的知识已经不够用了，亟需为本科生开设一门通信网络基础方面的专业基础课。"李建东教授说。

于是，2004年，他根据当时通信网络发展的最新动态，带领盛敏教授，在之前为研究生编写的《信息网络理论基础》教材的基础上，参照国外多本相关教材，并总结多年教学经验，修订出版了主要面向本科生的《通信网络基础》。

该教材研究总结了各种通信网络的共性原理，有助于学生学习、理解当时各种新型通信网络的设计原理和依据，为日后设计、构思其他新型通信网络打下理论基础。

教材出版后，很多高校师生提了一些意见和建议，加之通信网络技术不断更新迭代，2011年，李建东教授带领盛敏教授、李红艳教授对教材中的难点进行了修订和补充，推出了第二版。

自2004年该教材出版以来，西电通信工程学院盛敏教授一直用其为本科生授课。

"这本教材无论是逻辑性还是整体的结构设计都非常完备，既考虑了学生的学习，也兼顾了教师的授课。"盛敏教授说，"该教材设计注重循序渐进，比如，为了便于学生学习掌握后续知识，在第一章安排了通信网络概论及数学基础等最基本的概念和内容。"

由于通信网络技术的迭代非常快，该教材将各种通信网络的共性原理进行了系统性的总结并清晰呈现。通过对该教材的学习，学生以后走上工作岗位，无论遇到怎样的通信网络技术，都能凭借扎实的基础理论知识应对。此外，该教材章节编排合理，具有普适性，很适合作为一门基础课程的教材。

该教材出版后，成为西电通信工程学院所有本科生必学的专业基础课教材，而"通信网络基础"课与"通信原理"课，共同构成了通信工程学院的核心课程。

2019年，西电通信工程专业成为"首批国家级一流本科专业建设点"，该教材的编写出版及相关课程的开设，为此作出了重要贡献。

"宝剑锋从磨砺出，梅花香自苦寒来。"回顾编写教材的艰辛，李建东教授坦言，教材编写最难之处，是如何站在学生和教师的角度去编写。

"写出来的教材，既要便于学生学习，也要便于教师授课。这是一本优秀教材的关键。"李建东教授解释说，"编写教材时，有些内容在编者看来很简单，但是对学生来说却是新知识。因此，编写中要时时站在学生的角度，在语言上注意既要严谨，也要通俗易懂，便于学生理解。同时，结构安排上要考虑教师的授课。如果教师拿着一本教材先讲后面的内容，再跳回来讲前面的内容，很可能是教材结构安排出了问题。教材在编写中对内容的选取也至关重要。哪些内容是基础性的知识，必须选入；哪些内容未来可能使用范围很小，可以舍弃，这些都要充分考虑、恰当取舍。"

为了写出好教材，他投入了很多的心思与精力：对内容进行甄选，对结构进行合理的编排，对语言表述进行仔细的推敲，对需要的新知识进行查找补充……遇到难写的地方，有时一天写半页纸都困难。

在修订《移动通信》第五版最后一章"移动通信的展望"时，仅仅35页的内容，他断断续续花费了半年时间。"当时，要反复看这一段怎么编写，增加的新内容够不够，有时写上去了，回头又删掉了。就这么反复斟酌，要确保编入教材的内容准确并且实用。"李建东教授说。

白天忙着教学、科研和行政工作，因此，他常常只能在夜深人静时编写教材。无数个深夜，亮着灯光的办公室里，桌上一沓参考资料，闪烁的电脑屏幕或一沓稿纸，李建东教授就这样不知疲倦地伏案编写着教材，常常忙到深夜12点多。

有一年，因为工作太过劳累，他在办公室突然出现了眩晕症，脚下站不稳，看天花板都是旋转的，被同事们紧急送到医院，住院治疗一个月才出院。

谈及为何倾注不少时间和精力去编写教材，李建东教授对此有着深刻的认知。

"作为教师，一生最大的成就，就是培养出优秀的学生。那么，怎样才能教出优秀的学生，或者如何才能成为优秀的教师？"李建东教授说，"与给学生传授了哪些知识相比，帮助学生建立知识体系更为重要，要让学生知道学习一个专业应该掌握哪些内容。然后，学生才能从学到的知识中跳脱出来，去构建新的知识体系。一个学生毕业后发展得好不好，就看知识体系构建得如何。而建立知识体系最基本的依托就是教材，教材就是知识的系统化和体系化。"

"江山代有才人出，各领风骚数百年。"寄语青年教师与学子，李建东教授殷切期望：

首先，青年人要做一流的科研。什么叫一流的科研？能写进教材里的成果就是一流的科研，如果能写进中学教材那就更厉害了，青年人应该为这一至高的目标而努力。

其次，青年人要勇攀科学高峰，要对知识有贡献，解决过去没有解决过的新问题。

同时，青年教师在教学时，一定要将追求真理作为座右铭和最高标准，将真正正确的知识教给学生，并且真心去教学生，想尽一切办法让学生真正掌握所学知识，以便其在未来将知识应用于祖国的建设和社会的进步，为实现中华民族伟大复兴贡献西电人的力量。

【撰稿：卢红曼（西安电子科技大学档案馆/校史馆/博物馆特约作者）】

## 李建东出版教材一览表

| 序号 | 出版教材名称 | 出版时间 |
|:---:|:---:|:---:|
| 1 | 《移动通信（第二版）》 | 1999年 |
| 2 | 《信息网络理论基础》 | 2001年 |
| 3 | 《通信网络基础》 | 2004年 |
| 4 | 《移动通信（第三版）》 | 2005年 |
| 5 | 《移动通信（第四版）》 | 2006年 |
| 6 | 《通信网络基础（第二版）》 | 2011年 |
| 7 | 《移动通信（第五版）》 | 2021年 |

▶ 1977 年恢复高考后，学校开始招生；图为欢迎新生入校接站场景

▶ 1978 年新生花名册

◀20 世 纪 70 年 代的西北电讯工程学院

◀西北电讯工程学院信息工程系 781 班全体学员毕业留念（第四排左四为杨小牛，左五为李建东）

▶ 1981 年，李建东
获校二等奖学金

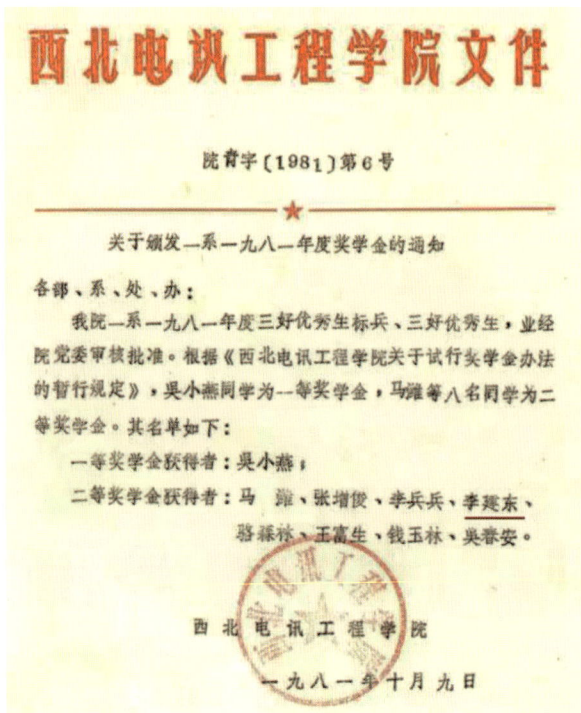

▶ 1984 届硕士毕业
分配通知

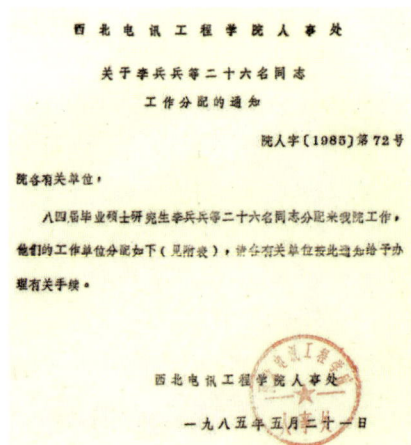

◀ 1990 年，李建东
参与的项目获陕西
省、西安市科技进步
奖三等奖

◀ 1992 年，李建东获
国务院政府特殊津贴

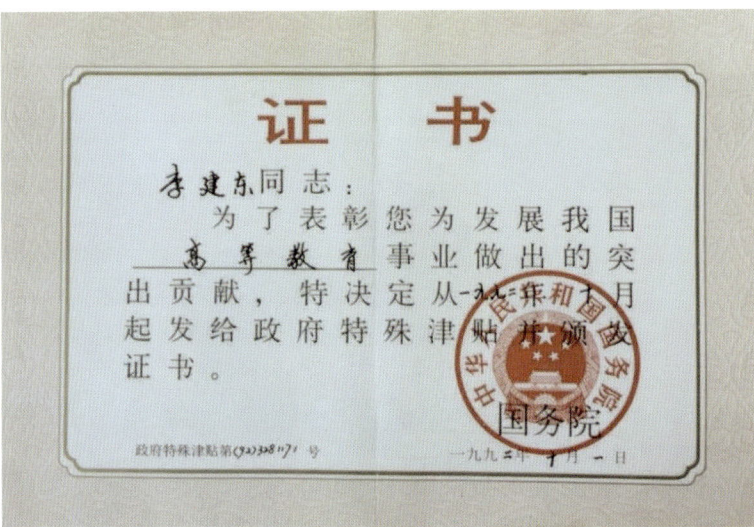

▶李建东被评为电子工业部 1995 年度有突出贡献专家

▶ 1995 年，在西安电子科技大学东大楼 101 室计算机房，李建东和学生一起研究"通信网络"中通信协议控制和实现问题

西安电子科技大学
"十五""211工程"建设项目标志性成果一期立项项目名单

| 序号 | 级别 | 项目名称 | 所在学科群 | 所在单位 | 负责人 |
|---|---|---|---|---|---|
| 1 | 校级 | 宽带无线自组织网 | 现代通信网络工程 | 通信工程学院 | 李建东 陈彦辉 |
| 2 | | 复杂环境的电磁兼容理论和应用 | 先进军事电子信息系统 | 电子工程学院 | 梁昌洪 |
| 3 | | 天线结构机电综合优化设计 | 先进电子机械工程 | 机电工程学院 | 段宝岩 |
| 4 | | 氮化镓微波功率器件材料生长 | 微电子与光电子技术 | 微电子学院 | 郝跃 |
| 5 | 院 | 未来移动通信系统的信息传输技术研究 | 现代通信网络工程 | 通信工程学院 | 葛建华 白宝明 |
| 6 | | 宽带无线IP接入网络系统安全技术 | 现代通信网络工程 | 通信工程学院 | 马建峰 李晖 |
| 7 | | 克隆选择与协同进化优化 | 先进军事电子信息系统 | 电子工程学院 | 焦李成 |
| 8 | | 基于外辐射源的目标探测及跟踪雷达系统技术 | 先进军事电子信息系统 | 电子工程学院 | 王俊 |
| 9 | | 运动平台雷达地面动目标检测技术 | 先进军事电子信息系统 | 电子工程学院 | 廖桂生 邢孟道 |
| 10 | 级 | 雷达自动目标识别技术 | 先进军事电子信息系统 | 电子工程学院 | 刘宏伟 |
| 11 | | 混合信号片上系统(SOC)设计技术 | 微电子与光电子技术 | 微电子学院 | 杨银堂 |

◀ "宽带无线自组织网"立项校级"十五""211工程"建设项目标志性成果

▼ 2002年，李建东荣获"高校青年教师奖"

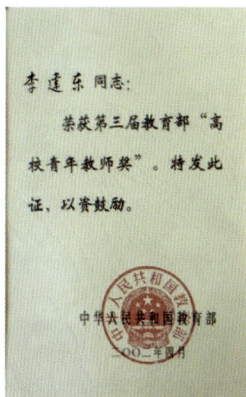

▼《移动通信（第四版）》

▼《移动通信（第五版）》

▶ 1997 年，李建东
在家伏案工作

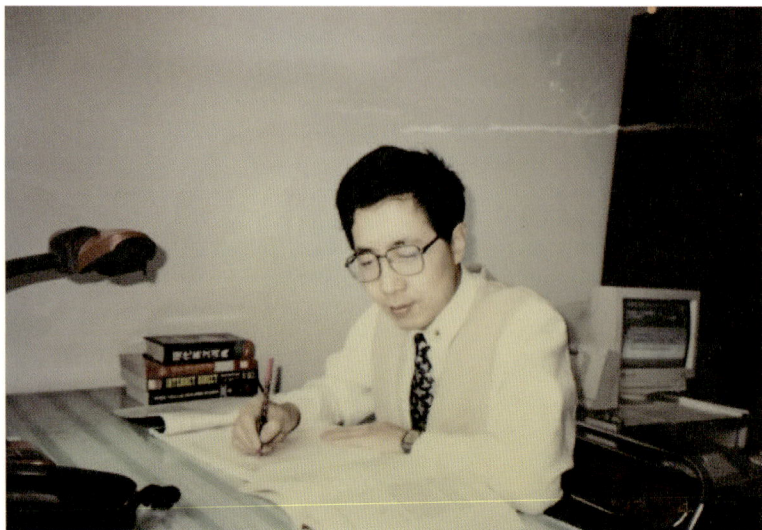

▶ 2000 年，李建东
在东大楼 101 实验室
准备书稿

◀ 2004 年，李建东与毕业博士合影

教学成果奖

证　书

成果名称：打造名牌专业，培养高素质人才—通信工程本
科专业建设与人才培养研究与实践

获奖等级：二等奖

完成人：李建东　李　晖　王跃利　于晓飞　雍晓克

获奖单位：西安电子科技大学

编号：SJX052016　　　　　二〇〇五年四月八日

◀ 2005 年，李建东等获陕西省教学成果奖二等奖

▶ 2007 年，李建东获省级教学名师奖

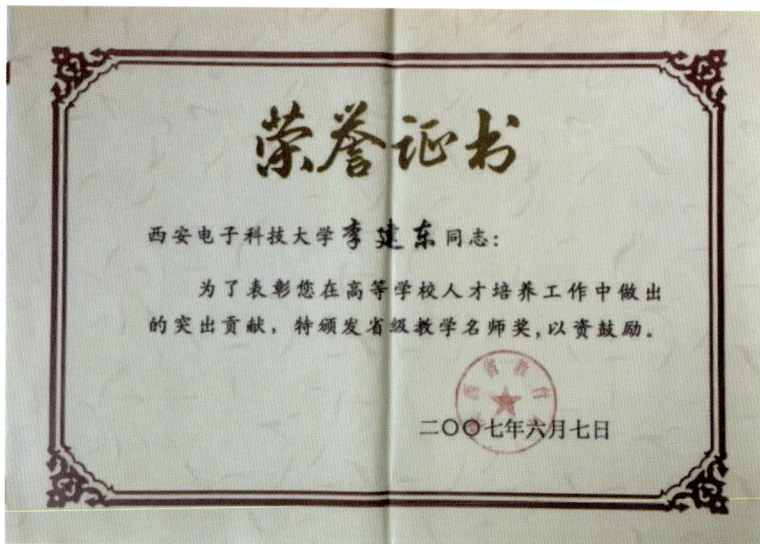

▶《通信网络基础》

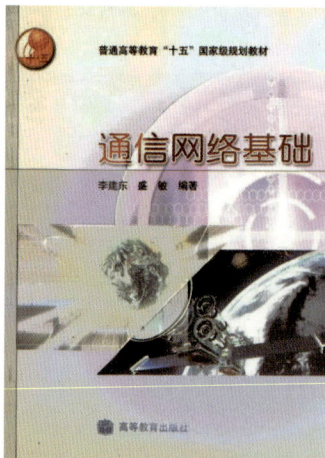

▶《移动通信》获西安电子科技大学第八次优秀教材（讲义）一等奖

◀《数字移动通信( 修订本 )》

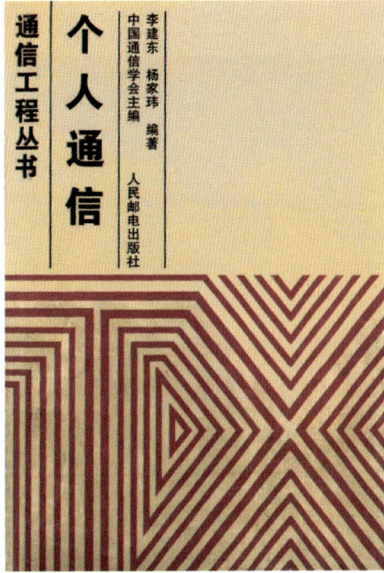

◀《个人通信》

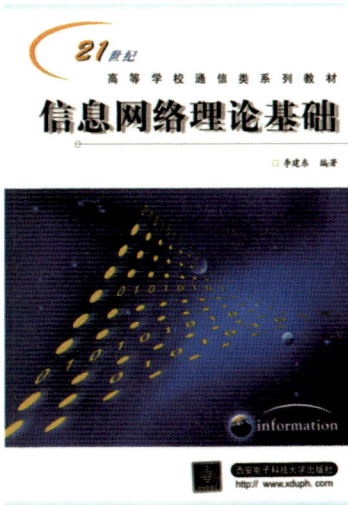

◀《信息网络理论基础》

◀《通信网络基础( 第二版 )》

▶ 2017 年，李建东被特邀在国际会议上作报告

▶ 2018 年，"以能力为核心，'三强递进式'培养电子信息类创新人才的改革与实践"获国家级教学成果奖二等奖

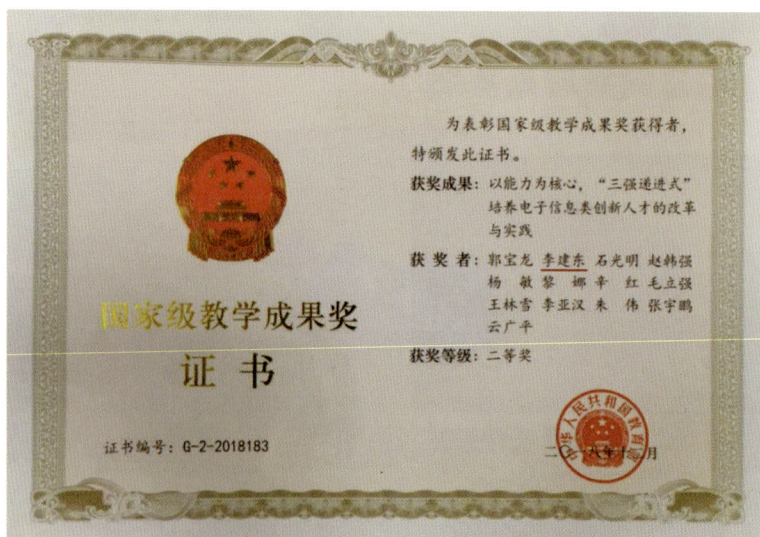

▶ 2018 年，李建东指导青年教师和学生

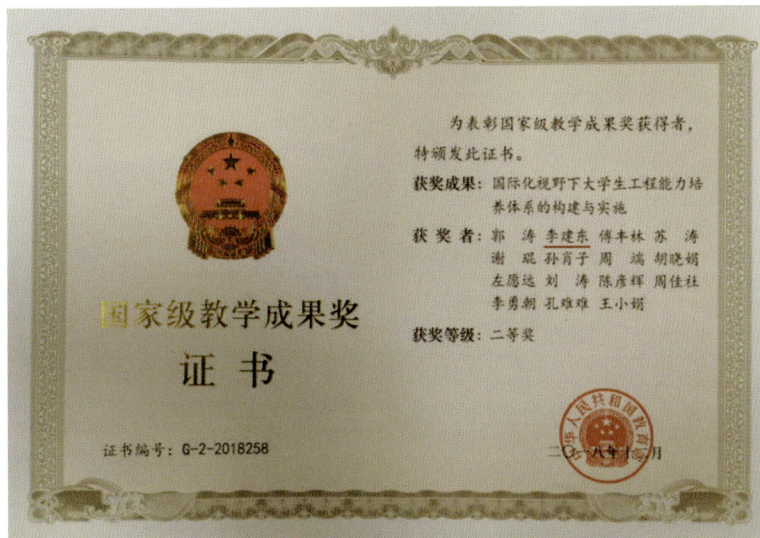

▶ 2018 年，"国际化视野下大学生工程能力培养体系的构建与实施"获国家级教学成果奖二等奖

▶教师节学生看望李
建东

▶李建东和采访小组
合影（左起：强薇、
卢红曼、李建东、杨
舒丹）

# 图 片 来 源

西安电子科技大学档案馆/校史馆/博物馆

西军电文库

西安电子科技大学新闻网

# 后　记

西安电子科技大学（以下简称西电）拥有深厚的办学底蕴，铸就了中国高等教育史上的璀璨篇章。西电的教材建设之路，不仅深刻体现了学校的发展历程，还凝聚了老一辈西电人的智慧与心血，彰显了学校在人才培养模式上的鲜明特色。深入研究教材建设，有助于我们更全面地认识学校的学科史，丰富重点学科的发展内涵，进而推动电子信息类学科的持续发展。

基于此背景，编者以西电教师编写的经典教材为主线，对在西电经典教材建设中作出突出贡献的12位专家教授的求学、工作经历及教材编写工作进行梳理。自2022年起至2024年年初，历时两年，广泛搜集档案资料、精心制订研究提纲、深入访谈老教授、细致整理录音录像素材，并经过多轮修改与严格校对，最终编纂完成了涵盖12篇、总计20余万字的文稿。该系列文稿以"档案中的经典教材"为主题，通过"西电记忆"微信公众号陆续发布，获得了广泛的关注与认可。

访谈时，老教授们深情回顾了编写教材过程中的重重挑战与他们废寝忘食、全身心投入的感人故事，将拥有严谨治学态度、广阔学术视野、敏锐问题洞察力的鲜活群体形象展现于公众面前。此外，老教授们的家人、同事、学生为本次工作提供了大量原始资料，让编者对老教授们编写教材的心路历程以及所著教材在专业领域取得的成就有了更全面、更深入的认识。同时，本书得到了西安电子科技大学党委宣传部、政策研究室、教务处、党委教师工作部/人力资源部、离退休党委/离退休工作处、图书馆、出版社等部门的大力支持，各部门在资料搜集、宣传推广及书稿编辑等环节中高效协作，加快了本书的撰写与成书进程。

鉴于时间跨度长、历史资料搜集面临巨大挑战，加之新冠疫情带来的阻碍，编者采取了灵活应对的策略。在时间与资料搜集方面，我们深入挖掘档案资料，多方求证，力求详尽；面对新冠疫情造成的采访困难，我们采用线上访谈的方式，跨越新老校区及西安与其他城市间的地理限制，确保采访工作顺利进行。考虑到老教授们普遍行事低调、不愿过多宣传个人事迹的心理，编者与其进行了多次沟通，并在编写过程中严格遵循全面、真实的原则，细致勾勒老教授们的学术成长轨迹与教材编纂历程，最终赢得了老教授们的认可。

回顾这段探寻西电经典教材建设之路的旅程，我们深感荣幸。从历史的尘埃中挖掘出那些闪耀着智慧光芒的教材，不仅是对老一辈西电人辛勤耕耘的致敬，更是对电子信息学科发展过程的一次审慎回望。本次研究与编纂工作，不仅全面梳理了12位专家教授的求学与教材编写经历，更深刻展现了西电在教材建设中的独特魅力与卓越贡献。

在此，我们代表本书编写组向所有接受采访的专家教授及其亲属、朋友、同事，以及为本书作出贡献的单位和个人表示最诚挚的感谢！

编　者

2025年1月

樊昌信·刘增基·吴成柯·江小安·孙肖子·安毓英
秦荻辉·杨颂华·梁昌洪·刘三阳·裴雪红·李建东

上架建议：人文·教育

ISBN 978-7-5606-7642-5

9 787560 676425 >

定价：78.00元